eビジネス新書

No.338

週刊東洋経済

世界史&宗教のツボ

週刊東洋経済 eビジネス新書　No.338

世界史&宗教のツボ

本書は、東洋経済新報社刊『週刊東洋経済』2019年12月7日号より抜粋、加筆修正のうえ制作しています。情報は底本編集当時のものです。（標準読了時間　120分）

世界史&宗教のツボ　目次

賢者は歴史に学ぶ！

歴史と宗教から世界を深く知る

「平和は単に戦争がないことでもなく、絶えず建設されるもの」。2019年11月に38年ぶりに訪日したローマ・カトリック教会のフランシスコ教皇は核兵器・核戦争の廃絶を訴えながら、そう述べた。世界三大宗教の1つであるキリスト教、中でもカトリック教会のトップがなぜ日本に来て発言したのか。

教皇の「フランシスコ」は、自然を愛した守護聖人に由来する。人類と自然環境を根こそぎ破壊する核兵器・戦争の廃絶を強く訴えるのも、教皇自身の名前と信念から来ている。だからこそ、被爆地である長崎と広島を訪れ、平和を訴えたのだろう。

フランシスコ教皇はまた、「相互の違いを認め、互いを保証する兄弟愛」をも訴えた。世界には自分たちとはまったく違う社会や考え方を持つ人々がいる。違うからといってそれを知ろうとせず、知ったふりをして偏見に満ちた考え方に染まってしまうことがある。フェイクニュースが蔓延する現在だからこそ、自身の目で見て考える習慣が欠かせない。

世界への想像力を高めるのに最適なのが歴史だ。国家、政治、経済、社会、文化のありようをたどることで現在と過去の連続性を理解できる。違う文化、違う民族の歴史を知ることで世界はより身近になる。

もう1つ世界を深く理解するのに好適なのが宗教だ。人間の内面を照らし、信条や思想を形づくる宗教への理解は、グローバル化の時代だからこそ必要になる。

ヨーロッパ社会の源となったローマ帝国

ローマ史は人類の縮図　滅亡の歴史に何を学ぶか

東京大学名誉教授・本村凌二

外国の歴史を理解するには、自分の身近なところにある歴史の舞台になぞらえれば、わかりやすい。古代ローマであれば、生活の充実度、文化の成熟度などからして江戸時代をおいてほかにない。

1600年の差があるとはいえ、ローマの平和とその繁栄に近づいたのは日本の大江戸である。ローマも江戸も100万人の住民がいて、前近代社会では比類のない大都市であった。しかも、ローマはキリスト教以前の社会であるから、江戸の風俗とも大差がない。これほど比較すべき社会と文化は歴史上に見当たらないほどだ。

8代将軍徳川吉宗は隅田川の土手に千本桜を植えさせ「花の咲く森」をつくり出し

た。ローマ帝国の首都でもコロッセオと呼ばれる円形闘技場が開設し、剣闘士の見世物に民衆は熱狂した。しかし花見と剣闘士の流血とは何という違いだろうか。いずれにしろ、そこには民衆の熱い視線があった。

また、水や清潔さにおいてもローマと江戸は世界史の中で際立っている。江戸は「六上水」によって町中の地下には上水道が走り、町中の井戸がつながっていた。古代ローマも各地に水道橋が残っているように浄水の確保に努めていた。江戸っ子もローマ人も風呂好きで、公衆浴場が普及していた。おそらく身体の清潔感が、文化の成熟度の中で似通っていたに違いない。

ほかにも、江戸の川柳・狂歌とローマ社会の諷刺詩は同じようなことがいえる。大江戸日本は独自の文化が花開き、歌遊びから川柳が生まれた。江戸の社会は一見すれば安泰であったが、斜に構えた諧謔（かいぎゃく）と皮肉にあふれ、世相を刺す批判精神があった。同じようにローマの社会も平和と繁栄の中で、ギリシア学芸を模倣せず、身の回りにある題材を取り上げる諷刺詩をこしらえ、人間の愚かさと戯れたのだった。

戦後を代表する知識人であった丸山真男はかつて「ローマ史には人類が経験したすべてが収まっている」と語っている。その意味でも江戸をローマと比較して得られる論点は現代日本を再考する手がかりになるのである。もちろん、ローマ史そのものが語りかける論点も数多い。

没落の原因を探る

形あるものはいつか壊れる。かの空前絶後の世界帝国ローマもやがて姿を消した。永遠なるものは何もない。

18世紀の思想家ギボンは『ローマ帝国衰亡史』を書き、一躍時代の寵児になった。それ以来、帝政後期あるいは古代末期（200年ごろ〜700年ごろ）は、衰退あるいは没落の時代と見なされるようになった。この没落の原因については、古くからさまざまな議論がある。

ローマ帝国衰退の原因は、ゲルマン民族の移動、キリスト教徒の増加、人口減少、気候変動による寒冷化、都市インフラの劣化、鉛の多用による中毒など数えきれない。しかもいずれもそれなりの根拠を持っている。

それらは2つに大別できる。1つは外から襲ってきた出来事に原因を求める外因論であり、もう1つはローマ帝国、あるいは古代地中海世界そのものがはらんでいた事柄に原因を求める内因論である。

外因論には、「ローマ帝国は殺された」と見なし、その殺害の犯人としてゲルマン民族を挙げるものがある。さらには気候変動などの天変地異が原因であったとも指摘される。400年ごろからユーラシア大陸では急激な寒冷化が起こっているという。

内因論もまた多様な観点から考えることができる。肉体に例えれば、がん細胞としてのキリスト教をやり玉に挙げる。多神教の古代地中海世界にあって、一神教であるキリスト教はローマ帝国を根底から揺さぶるものであったからだ。キリスト教の国教化から間もない395年、帝国は東西に分裂するが、経済や軍事で西は脆弱であった。

軍事力は国家の基本であるから、専制国家になったローマ帝国が軍隊を増強することは当然であった。そのために国家は莫大な財政負担を背負い込む。軍事力の増強は帝国の延命策として重要であったにしても、それは体力の衰えを自覚して滋養強壮剤を飲み続けたようなものである。

そのほかに人的資源が枯渇したという理由もある。全体として帝政末期(古代末期)には人口が減少していた。この現象は気候変動とも関連しているので、内因論か外因論かにはっきり分けられるわけではない。またある学者は、キリスト教が普及していく中で教会が優秀な人材を次々に吸収していったことに問題があると指摘する。国家そのものに優秀な人材が集まらなくなっていた。

さらに社会経済の構造そのものに目を向け、ローマ帝国の骨格に大きなひずみが生じたとする見方がある。その原因として、奴隷制社会であった古代地中海世界に平和が続き、やがて奴隷が枯渇してしまったことが指摘される。奴隷は戦争捕虜などによって補給されていたので、その奴隷供給源が縮小していったわけである。

また農耕地が減少したりやせたりという面もあるだろう。奴隷や土地のような、社会を成り立たせている基本的な生産力の骨組みが、国家の規模に比べて細くなってしまったというのである。

各地に属州が設置され、それらの属州地が生産地として自立していったことも見逃せない。帝国の中心にあるイタリアが生産地としての相対的な優位を失っていくことになり、そこに没落の原因が見られるからである。

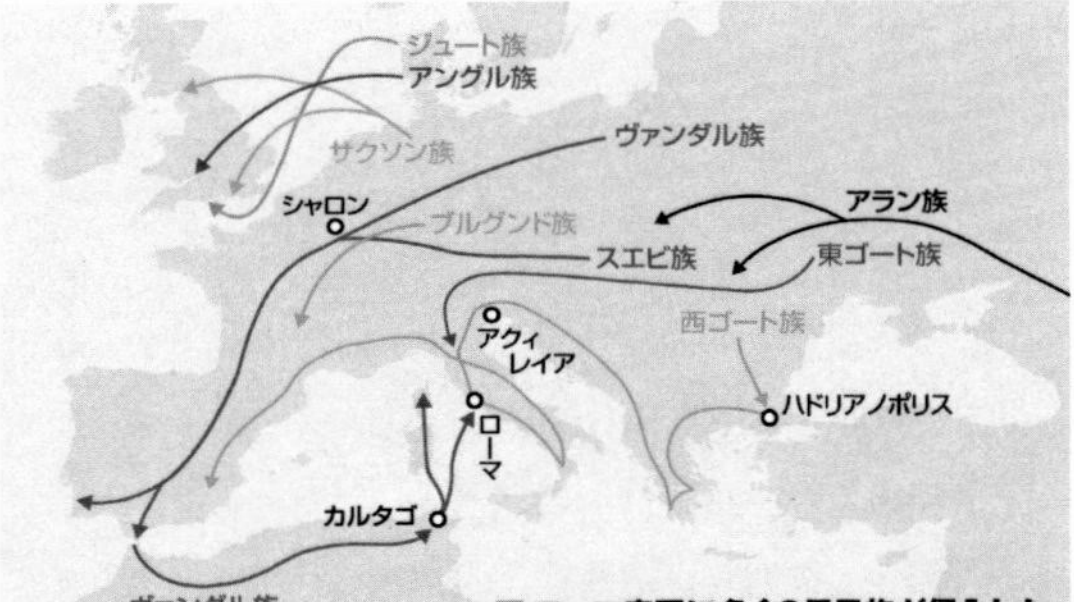

■ローマ帝国に多くの異民族が侵入した
―4〜5世紀のゲルマン人とスラブ人の移動―

帝国は自然死を迎えた

ここで取り上げたのは没落の原因論のほんの一部にしかすぎない。確かに事態の一側面に注目すれば、それなりの衰退のシナリオを描くことができる。

しかしローマ世界あるいは古典古代文明というものを全体として考えるならば、ローマ帝国あるいは古代地中海文明はここで老衰し、その個体としての天寿を全うしたといえるのではないだろうか。1つの文明が行き着くところに至り、自然死を迎えたと考えられなくもない。

それではローマ帝国末期はどのような姿を見せていたのか。ここでは、経済、国家、文明という3つのレベルで考えてみたい。

まず経済の問題としては、何よりもインフラ劣化が挙げられる。主要幹線だけでも8万キロメートル、地方の枝道を加えれば30万キロメートルにも及ぶというローマ街道であるが、紀元前4世紀末に創設されたアッピア街道は4世紀にはすでに600年以上の歳月が経っていた。さらに同じ頃から敷設され始めた上水道や水道橋も数百年を経て老朽化は免れなかった。多くの神殿や市場などの公共建築物も修理しなければ維持できない段階にあった。

経済成長という考えもなく、技術革新もほとんど見られない時代が長く続いていたのだ。わずかに商業交易の広がりがあったにしても、大きな規模には至らなかった。紀元前1世紀の文人政治家キケロは、商業（商売）をいやしいものと見下しながらも、「もし、大規模に手広く、たくさんのものを運び、多くの人に掛け値なしの流通をはかるなら、これはまったく非難されるべきものではない」（『義務について』）と指摘し、大商社の可能性を見通していたが、経済の規模がそこまで広がることはなかった。そこにはおのずから限界があったといえる。

次に国家の問題としては、国家の担い手になる文官と軍人がどのような人々であったかだ。それまでローマの政治家・官吏は文武の区別があいまいであった。だが、「3世紀の危機」と呼ばれる軍人皇帝時代の混乱期を経て、軍人と文官の分離が明確になる。

その中でも、帝国領内に移住した外部民族出身者をとくに軍人として登用した。だが、それらの参入者が「ゲルマン人」とひとくくりにされ敵意をもって見られていたわけではない。さらに、強力な機動軍の創設のために辺境の兵力が削減されると、人の往来がしやすく流動的になる。

ゲルマン人の帝国内移住の荒波が打ち寄せていた。ただし、必ずしも「大侵入」ではなかったとする見方もある。むしろ、ローマ人と融和していたゲルマン人を差別・排除する「排他的ローマ主義」の芽生えが注目される。「ローマ人である」という愛国心のあり方が変化し、非寛容に傾いたのだ。これは国家にとって重大な危機であった。

最後に文明の問題がある。3世紀から7世紀ごろまでの期間は、地中海世界が変化していく部分と、それ以前の古典古代的な文明を継続している部分の双方があり、そこでは緊張をはらんでいた。

注目すべきことだが、古典古代の制度を引き継いでいた3世紀半ばの人々には想像すらできなかった専制君主（ドミヌス）や異教禁止といった制度や社会が、半世紀後の4世紀以降には出来上がっているのである。

一神教というインパクト

476年には西ローマ帝国が消滅し、西アジアにおいては651年にササン朝ペルシアが消滅してしまう。このような出来事をもって、古代末期があたかも衰退と没落に彩られる陰鬱な物語であるかのように見なされてきた。

しかし別の側面から見れば、この時代は目覚ましいほどの新しい局面が始まっている。

ヨーロッパにおいては、この時代にキリスト教が公認され普及している。西ヨーロッパにおいてはカトリック教会の世界が築かれ、東ヨーロッパにおいてはやがてギリシア正教の世界が成立することになる。また西アジアにおいては7世紀にイスラム教が成立しムスリム世界が形成されるのである。

宗教面で見れば、これらの宗教がいずれも一神教であることは留意するに値する。これは「古代末期」が多神教から一神教への文明の変容への時代であったということにほかならない。

日本ではあまり知られていない「ローム・イディ（Rom idee）」という言葉がある。ローマ的理念、ローマ的理想という意味で、欧米人の心の拠り所の1つになっている。つまり、ローマ帝国は没落・失墜したと見るだけではなく、ローマ文明が変容する「古代末期」の時代の意味に注目し、その意味を探ろうとしているのだ。

本村凌二（もとむら・りょうじ）

1947年生まれ。東京大学教授、早稲田大学教授を歴任。『薄闇のローマ世界』でサントリー学芸賞を受賞。『地中海世界とローマ帝国』『多神教と一神教』など著書多数。

出口治明が選ぶ世界史の5人

立命館アジア太平洋大学（ＡＰＵ）学長・出口治明

ここで紹介する傑物5人の生き様は、現代を生きる読者にもヒントになるものばかりです。僕の好きな、常識を超越した世界史の5人を紹介しましょう。

【ムハンマド】イスラム教の創始者

まずは**ムハンマド**（570頃～632年）。言わずと知れた仏教、キリスト教、イスラム教の世界三大宗教の創始者の一人です。ムハンマドは一言で言えば、普通の人。仏教の開祖ブッダ、キリスト教の開祖イエスは家族や社会を捨て、人間を救う道を模索しました。いわば、世捨て人です。

ところが、ムハンマドは世捨て人ではない。男性として、商売人として、妻や家族とともに普通の生活を送りました。同時に、初期のイスラム共同体（ウンマ）では政治家であり、また多神教を信じる部族と戦うときは軍人・司令官としてその役割を果たしました。その結果、マッカ（メッカ）の多神教勢力に対し勝利を収め、ついにアラビア半島の大統領のような存在になります。最後は愛妻のひざの上で亡くなりました。なんと幸せな宗教者であることか。

ブッダやイエスのように奇跡や神がかったことをしたわけではありません。普通の人でありながらリーダーシップを備え、一大宗教をつくり上げた人です。その割に、ムハンマドの人生は日本ではあまり知られていません。だからこそ、彼の人生を勉強してみるのがいいでしょう。カレン・アームストロングという宗教学者が書いた『ムハンマド――世界を変えた預言者の生涯』という良書があります。

【ティムール】 ティムール朝（ペルシャの王朝）の建国者

日本で知られていない傑物は、たくさんいます。その代表はティムール（1336～1405年）。彼が起こしたティムール朝は、かつてユーラシア大陸を支配したモンゴル帝国の系譜です。モンゴル帝国が権力争いなどで分裂した後、彼はかつての大帝国の領土の3分の2を、たった一代で回復させました。まさに軍事の天才です。当時の軍隊は多国籍軍が普通だったので、そういった兵隊たちを統率できる人格とリーダーシップに優れていたのでしょう。

大帝国を建設する過程で、ティムールは戦いを通じて多くの破壊行為を行いました。インドのデリーを落とし、オスマン朝を一時滅亡させます。同時に、建設もやっているのが面白いところです。最たる例は、ウズベキスタンの古都・サマルカンドです。ここはモンゴル帝国のチンギス・カンが滅ぼした街です。交易の街として知られ、その美しさはたいへんなものでした。ティムールはそこから少し離れた所で、サマルカンドを復興させています。そのために、軍事遠征の過程で引き抜いてきた優秀な職人や官僚の技術と能力を活用したのです。

ティムールにはモンゴル系貴族の血が入っています。モンゴルの英雄チンギス・カンへの尊敬と憧憬を抱きつつ、同時にチンギス・カンが焼き尽くしてしまった昔のサマルカンドの美しさについて聞いて育ったのでしょう。

ティムールはまたユーモアのセンスも持っていました。大好きなチェスの途中に、部下が「お子様が生まれました」と告げます。ちょうどそのとき、ティムールが手にしていた駒はルーク。それでその子に「ルフ」と名付けました。彼がシャー・ルフで、ティムール朝の中興の祖となります。

ティムール朝は後に滅びますが、インドで19世紀まで生き残ったムガル朝は、実質的には第2ティムール朝です。ティムール帝国はいったんは滅びましたが、その足跡は偉大なものでした。

【武則天】 中国で唯一の女帝（唐の高宗の皇后）

次に女性の傑物を2人、ご紹介しましょう。まずは武則天（624〜705年）。中国・唐の時代の女帝です。

身分の低い生まれでしたが、彼女は唐の太宗に寵愛され、太宗の死後は尼寺に入ります。ところが、太宗の子の高宗が彼女の聡明さにひかれ、「妻にしたい」と言って武則天を還俗させます。そして皇后になりました。

武則天が権力者になったのは夫が頼りなかったからです。高宗は皇帝なのに、優柔不断で何も決められず、武則天の助言をいちいち求めていました。玉座の後ろで武則天が助言をする「垂簾（すいれん）政治」「垂簾聴政」と呼ばれています。

そうしているうちに、武則天は「皇后」という称号が持つ地位の低さに気づきます。皇帝の妻であり、自分が決断して政治を行っているのに、これでは満足できません。そこで武則天は対等な地位として「天皇（てんこう）」「天后」という称号を新しく創り出します。そしてその後、2人は並んで政治を行いました。これが日本の天皇という称号へとつながります。

武則天の出自は低く、名門の貴族は味方になってくれず、権力基盤は不安定でした。そこで貴族に対抗するために、科挙で選抜された優秀な官僚を味方につけます。その代表例が狄仁傑（てきじんけつ）です。彼が育てた優秀な官僚が、後の玄宗の時代に「開元の治」といわれた善政を用意しました。

彼女が権力を握ったのは、原理原則から物事を判断し、自ら行動してきたためです。天皇・天后の称号を創ったのも、科挙選抜の官僚を活用したのもその表れです。それは同時に、女性が政治を行う正統性を探し求めての行動でもありました。男尊女卑の社会で女性が自立して、たくましく生きられるように行動してきたわけです。その後、日本でも持統、元明天皇をはじめ女帝の時代が出現しました。これは、武則天というロールモデルがあったからでしょう。

【アリエノール】フランス王妃・イングランド王妃

もう一人の女性は、アリエノール・ダキテーヌ（1122～1204年）。子孫が各地の君主や妃になったため、「ヨーロッパの祖母」といわれる女傑です。フランス南部、ワインで知られるボルドー地方を中心に広大な領地を保有したギヨーム10世の跡取り娘として生まれました。

結婚は2回。1137年にフランス王のルイ7世と結婚しましたが、「神父のような旦那」で行動的な自分の肌に合わない。そこで、離婚して、年少でプレイボーイとして名をはせた、後のイングランド王のヘンリー2世と再婚します。英仏両国の王妃となり、ドーバー海峡を股にかけました。

アリエノールは前夫との間に娘2人、ヘンリー2世との間に息子5人、娘3人を産みました。息子の中には十字軍で武勇伝を残したリチャード獅子心王や、悪政ばかりで貴族から総スカンを食らい「マグナ・カルタ」（大憲章）をのまされたジョン王もいます。彼女の息子は「あかんたれ」が多いのです。これに対して娘はすべて有能で大成します。

リチャード獅子心王はイングランド王としての在位10年間にイングランドにいたのはたった半年。それでも統治できたのは摂政アリエノールのおかげでした。リチャードは十字軍からの帰路に捕虜となりますが、これを大枚はたいて解放させたのもアリエノールです。

アリエノールのような裕福なお嬢様で、王と結婚した女性は、領土どころか命まで失うような波乱の人生をおくりがちです。でも彼女は生き抜きました。それだけ、政治的なセンスと実力があったのでしょう。それは、「自分は好きなように生きるのだ」という強い意志があったからこそではないでしょうか。

【平清盛】　平安末期の武将・日本の合理的なリーダー

5人目は、僕が「中世日本のスティーブ・ジョブズ」と呼ぶ平清盛（1118～1181年）です。清盛は平安時代で最も商売、経済をわかっていた人物なのです。

それは「宋銭」の輸入を本格的に始め、わが国に貨幣経済を初めて導入したことからもわかります。

1158年に大宰府（福岡県）の長官に任じられます。同地には当時、宋との貿易の拠点だった博多津があり、国際貿易の現場を目の当たりにして経済的な合理的思考を身に付けたのでしょう。

大胆な面もあります。それは、都を平安京から福原（神戸）に移したことでわかります。実は平安時代から明治維新までの1100年間、都を移そうとした人はほかに1人もいません。加えて、清盛は日本の武家政権の骨組みを創り上げました。鎌倉幕府以降の武家政権は、その枠から出ていません。都から距離を置くことで、朝廷と離れた所で政治をやり始めました。そして軍事警察権を掌握し、守護・地頭制といった武家政権のグランドデザインを整えたのでした。

清盛は合理的で開明的なリーダーでした。こういう逸話があります。大輪田泊（神戸港）でうまく浚渫（しゅんせつ）が進まないときに、「人柱を立てよう」という話が出てきましたが、「死ぬ人の身にもなってみろ。そんなことをしても関係ない」と言い放っています。また、雨乞いを望む声には、「坊主が祈ったぐらいで雨は降らない」と言い放ち、その意見を退けています。

5人に共通するのは、当時の社会常識にとらわれず、自分の頭で考え、自分のやりたいことを追求した点です。しがらみがある現代社会でも、好きなことにチャレンジする人生がいちばんすばらしい。歴史を振り返り、そのような傑物たちが何人もいたことを知ってほしいと思います。

出口治明（でぐち・はるあき）

1948年生まれ。京都大学法学部卒。日本生命保険入社。ライフネット生命保険創設者で、同社社長、会長などを経る。歴史通であり、『哲学と宗教全史』など著書多数。

知らないと損する世界史の新常識・新解釈

中学・高校の世界史教育は、世界史の大きな枠組みと流れを理解することを目的としている。このため出来事の詳細や時代背景、因果関係について学ぶことが少ない。また、世界史への理解が不十分なままに知識を得ようとして、小説や映画、あるいは世に流布する俗説を史実だと勘違いするケースがある。

さらにもう1つ、歴史教育の内容が変わっているのに、古い知識のままということもある。中高年世代以上が学校で教わった内容が、今では否定されていることもある。ここでは歴史の「新しい常識」「新しい解釈」を紹介しよう。

「四大文明」という概念は否定されている

エジプトのナイル川流域、メソポタミアのチグリス・ユーフラテス川流域、インドのインダス川流域、中国の黄河流域に成立した文明を「四大文明」と呼ぶ。4つの地域は気候が温暖で、大河の流域にあって農耕に適していたため、ほかの地域に先駆けて文明が起こり、その後の諸文明の祖となった――。学校でそう教えられた方も多いはずだ。実際、1970~80年代に発行された教科書にはそうした記述がある。

しかし、この四大文明という用語は今では否定されている。そもそも50年前においても、四大文明という用語自体が、日本、中国、朝鮮半島で通じる程度で、ほかの国ではほぼ通用しなかった。

現代の考古学では四大文明以外にも、古代メソアメリカ、古代ペルー、地中海、中央アジアなど世界中に文明と呼べるものが存在していたことが常識となっている。「文明は大河流域に発生する」「文明は文字を持つ」といった文明発生の法則も、必ずしも適切とはいえず、現在では否定的な意見が多い。また、四大文明もさらに細かく区分されており、例えば古代の中国文明は「黄河文明」だけでなく、長江の中流域や東北地方の遼河流域にも文明が認められ、中国だけで6以上もあったとする学説もある。

四大文明という用語がどこから発生したのかには複数の説がある。

19世紀末の清の政治家・ジャーナリストの梁啓超が、「二十世紀太平洋歌」という詩で「地球上には古代文明が四つあった、中国、インド、エジプト、小アジアである」と書いたのが始まりという説、また、遊牧民族（騎馬民族）征服王朝説（皇室の祖先は大陸の騎馬民族だとする説）で有名な故・江上波夫が、西洋中心史観であるユーロセントリスムを打破する目的で作った、という説もある。

いずれにしても、優勢な西洋文明に対し、かつてはそれに比肩する東洋文明があった、ということを主張したある種の政治的な概念である。そのため四大文明という用語は東アジア以外ではほとんど知られていない。

「河川流域文明」という概念は世界的に知られている。大河流域に発生した文明というくくりで、その代表として先の4つが挙げられることが多い。しかし、河川流域文明がその後の諸文明の母体になったと見なされてはいない。

大航海時代をもたらしたのは貿易だけではない

教科書には、「15世紀以降、ポルトガルとスペインは国力発展を海外に求め、アジアでの金・銀・香辛料の獲得を狙って海洋進出に乗り出した」と記してある。

この説明は間違っていないが、ポルトガルが大海原にこぎ出した当初の目的は、金・銀・香辛料よりも、「アフリカのどこかにあるはずの伝説のキリスト教国」を探すことにあった。

ヨーロッパでは12世紀ごろから、ペルシアのはるか東に「プレスター・ジョン」という王が治める強大なキリスト教国があるという噂が信じられるようになった。

この噂は、イスラム王朝であるセルジューク朝のアフマド・サンジャルの軍を打ち破った西遼の王・耶律大石がキリスト教徒であると、間違ってヨーロッパに伝わったことがきっかけだ。当時、ヨーロッパでは十字軍が結成され、イスラム教徒から聖地エルサレムを解放しようという宗教的情熱が高まっていた。

1165年には、プレスター・ジョンの手紙なるものがビザンツ帝国皇帝と神聖ローマ帝国皇帝に届く。「余は72もの王国を統治している偉大なキリスト者である。余の王国は金が豊富に採れ、土地は乳と蜜の流れる土地である」。この話はヨーロッパ中に伝わり、ローマ教皇はプレスター・ジョンの国を探そうと必死になった。

13世紀半ばにモンゴル帝国がユーラシア大陸を席巻した際は、ヨーロッパの人々は「とうとうプレスター・ジョンがエルサレム解放のために立ち上がった」と喜びに沸いた。だが、そのモンゴル軍がヨーロッパに侵入しキリスト教国を攻撃したため、人々はモンゴルがプレスター・ジョンの国ではないことを知った。

また、モンゴルを旅した商人マルコ・ポーロや修道士プラノ・カルピニなどの証言から、アジアにプレスター・ジョンの国がないことがわかってきた。しかし、世界のどこかにあるはずだという意見は根強くあり、人々はアフリカのどこかにあるのではと考えた。

スペインとポルトガルは、8世紀前半からイベリア半島内のイスラム教徒との戦い「レコンキスタ」を進めていた。ポルトガルのレコンキスタは1249年に終わったが、それから約150年後の人物であるエンリケ航海王子は、十字軍の精神を持ち続けており、イスラム教徒との戦いを継続しようとした。

そこでエンリケ王子はアフリカのどこかにあるプレスター・ジョンの国を探し、北アフリカのイスラム教国を挟撃することを考えた。ポルトガル船は1445年、西アフリカのヴェルデ岬に到達したが、当然プレスター・ジョンの国などはなかった。しかし西アフリカで金や奴隷を獲得することができた。その後、ポルトガルはアフリカ大陸南端の喜望峰、そしてインドのゴアへと到達した。

エンリケ王子の宗教的情熱は結果的に、ポルトガルの海上覇権の確立とヨーロッパ主導の近代世界の始まりを告げることになった。

種子島に鉄砲を伝えたのはポルトガル船ではない

1543年、種子島に南蛮船が到来し、ポルトガル人が鉄砲を日本に伝えたというのが通説であった。しかしこの説は近年、疑問を呈されている。実は到来した船は南蛮船ではなく中国の船で、ポルトガル人と中国人は結託して日本に鉄砲と関連素材を密輸しようとしていたとみられているのだ。

鉄砲伝来の説明の根拠となっている文献は、江戸時代に編纂された歴史書『鉄炮記』だ。これによると、種子島に1隻の大型船が来航したのは1543年8月25日。船には100人余りの異人が乗っていて会話ができなかった。村の地頭、西村織部丞は五峯（ごほう）と称する中国人と筆談した。五峯は南蛮人が鉄砲を売りたがっていると話した。領主の種子島時堯（ときたか）はこの報告を受け、南蛮人から鉄砲2丁を購入した。

以上が鉄砲伝来のあらましだが、ポルトガルや中国の文献ではこの記述と食い違う点が多い。船の到来した年が1年早い1542年になっていたり、ポルトガル人の人数が100人ではなく3人になっていたりする。『鉄炮記』には南蛮船か中国船かの記述はないが、「エスカランテ報告」という書簡には、ポルトガル人が中国のジャンク船に乗ってレキオス（琉球）に到達したとある。

複数の文献を整理していくと、以下のような姿が見えてくる。シャム（タイ）を拠点に活動したポルトガル商人は商売に行き詰まり、中国商人と組んで新規市場を開拓しようとした。1542年、ポルトガル商人を乗せた中国船は琉球に到着したが入港を拒否された。そのため、翌年、種子島に向かった。内乱期にある日本で鉄砲が高く売れると考えたのだ。鉄砲を買った日本人は一度では模造できず、ポルトガル商人は複数回来訪し、技術を伝授した。

『鉄炮記』に記述のある五峯は、実は徽州（きしゅう）出身の密貿易商、王直であることがわかっている。王直は広東を拠点に東南アジアや日本を結ぶ密貿易を行い、後に日本の平戸に拠点を構えた。中国の華南出身者が中心の武装密貿易集団「後期倭寇（わこう）」の代表的人物である。

1540年代、明朝の海禁政策を破り多数の中国人密貿易商が日本に渡航してきた。目当ては、石見銀山が産出する日本銀である。王直は中国で産出される硝石を売って日本銀を手に入れようとした。

鉄砲を発射するには火薬が必要で、硝石はその原料になる。硝石は日本で産しないため、王直は硝石が日本で売れると考えたはずだ。ところが日本人は間もなく糞尿と草を用いて硝酸カリウムを生成する技術を発明したので、硝石は売れなくなってしまった。日本の戦国時代の鉄砲伝来は、さまざまな民族が入り交じった東アジアでの交易の時代の一幕であったのだ。

黒人の奴隷狩り　実行部隊は白人ではなく…

１６世紀に始まる黒人奴隷貿易では、西アフリカを中心とした地域から黒人が強制的に連行され、船に乗せられ、アメリカ大陸各地で奴隷として売り払われた。黒人はプランテーション農場や鉱山などで強制労働に従事させられた。報酬はなく死ぬまで働かされた。

この奴隷貿易では、白人が黒人を捕まえて連行したイメージがあるが、実は黒人を連行して奴隷として売りさばいていたのは黒人自身だった。

１５世紀半ば、ヨーロッパ人が西アフリカにたどり着いたとき、この地にはベニン王国など高度な政治組織を持つ国家が栄えていた。黒人奴隷自体は古代から存在し、長い間ヨーロッパ人は北アフリカのアラブ人やベルベル人の商人を経由して黒人奴隷を購入していた。航海技術の向上により、直接西アフリカに行くことができるようになったため、黒人奴隷を直接買い付けることが可能になった。

それでも黒人奴隷はかなりの高級品で、王室や貴族、富裕な商人しか持てなかった。売られる奴隷の数も、その後と比較するとはるかに少なかった。

新大陸のプランテーション農場と鉱山の開発が進んだ16世紀以降、労働力不足に悩む資本家は、アフリカの黒人を労働力として投入することにした。当時、西アフリカではダホメー王国やオヨ王国といった優れた行政組織と軍事力を持つ王国が登場し、近隣の国を武力で制圧し勢力を広げていた。

ヨーロッパ人はこれらの黒人王国に鉄砲や火薬を売った。その対価として黒人王国は戦争で獲得した捕虜を奴隷として売った。新大陸は奴隷の労働によって生産された砂糖やタバコ、コーヒーをヨーロッパに売った。これが「大西洋三角貿易」である。

歴史的な事実として白人がアフリカ大陸内部に攻め入り黒人を連行するといったことはほとんどなく、黒人王国の軍が、敵対する地域や民族の町や村に攻め入って捕虜として連行した。これが黒人奴隷の供給源になった。

非常に儲かる商売だったので黒人王国は積極的に捕虜狩りを行った。当時の黒人たちはヨーロッパ人がなぜそこまで捕虜を欲しがるのか理解できず、「殺して食うためと信じている者もいる」とフランスの奴隷貿易商であるジョン・バボットは手記に残している。

奴隷貿易は長年続き、アフリカの地域社会と地域経済を破壊した。相次ぐ戦争と人身売買は人口の急減をもたらし、黒人王国は統治システムが衰退し、最終的にヨーロッパ列強に軍事的に制圧され植民地となってしまった。

黒人奴隷の売買で直接手を下したのは黒人自身だったが、大規模な人身売買のシステムをつくったのは白人であることを忘れてはならない。

産業革命の牽引役は蒸気機関だけではない

18世紀、英国で起きた産業革命はおおむね次のように説明されることが多かった。ジョン・ケイの「飛び杼（とびひ）」、ハーグリーブズの「ジェニー紡績機」など、短い間に紡績機の技術革新が起きた後、1769年にワットにより「蒸気機関」が発明され、手工業生産から機械生産への移行が一気に進んだ。農民や手工業者は没落し、低賃金の工場労働者として都市に流れ込んだ。労働者を安価に使うことで裕福となった資本家は経済を支配する力を手にし、資本主義制度が確立。工業化は英国の国内総生産の高い成長率を実現した。英国は優位な工業力を背景に、海外に拡張して世界市場を独占し空前の繁栄を迎えた。

　このように、技術革新が産業構造と社会構造を革命的に変化させたというのが従来の産業革命に関する説明だ。しかし、「蒸気機関をはじめとする技術革新によって産業革命が起こった」という理解だけでは不十分なことが、この数十年の研究で判明している。

　英国の農村では16世紀後半から家内副業的な手工業が発展し、さまざまな農事改良がなされて、高い生産性を上げるようになっていた。農業での生産性の向上は農村における工業化を進展させ、職人的な専門職や家内副業的な手工業生産が拡大。一部の人は農村を出て都市部での手工業に従事するようになった。蒸気機関は工業化と都市化を促したが、蒸気機関が登場する前に、工業化と都市化は一定程度進んでいた。産業革命にはこのような背景があった。

　伝統的な手工業は機械工業の登場で没落したとされるが、必ずしもそうとはいえない。伝統的な手工業の重要性は19世紀後半に入っても変わらず、機械の導入が進んだ工場でも、人の目や手による技が必要な場合は多かった。造船業や機械器具製造では、伝統的な熟練の技とその伝授方法である徒弟制は根強く残った。

工業生産の経済発展への寄与度も、これまで語られていたよりも低いとする見方がある。現代の英国の経済史家ニック・クラフツによると、1780年から1831年の英工業生産の成長率は年2〜2・8%であり、「革命」というほどの急成長ではなかったという。

工業生産以上に利益を上げ経済成長に貢献したのは、海外投資だった。国際金融資本は豊富な資金を背景に、国家に対し外国への政治・軍事的な干渉を促した。国家権力と金融資本がセットになった英帝国主義は加速度的に膨張し植民地を築いていき、世界中から富を吸い上げる金融システムをつくり上げた。

つまり産業革命は技術革新以前の長い歴史的背景があってのことであり、資本主義の成立も機械工業のおかげだけではなかったし、機械化が社会を一挙に変えてしまったわけでもない。


（尾登雄平）

日本の常識ではわからない

中国　大矛盾の歴史

京都府立大学文学部教授・岡本隆司

香港での深刻な対立、統計不信から監視社会まで。現代中国の抱える問題はみな歴史に根差している。本文の前に、必要なキーワードを押さえておこう。

一国二制度
植民地だった香港とマカオの主権を中国が回復する際、一定期間は独自の経済・法制度の維持を認めた政策。

秦漢帝国

紀元前221年に中国を統一した秦、それに続く漢の王朝政権を指す。ともに皇帝を頂点とする中央集権体制だった中原黄河中下流域にある平原を指し、黄河文明の中心地で、現在の華北地方に当たる。古代には中国と同義だった。

三国六朝

漢の滅亡後の三国志の時代と、それに続く呉、東晋、南朝の宋・斉・梁・陳の6つの王朝の総称。

江南

六朝時代に開発が進んだ長江（揚子江）の中下流域。後に開発された河口デルタの低湿地は大穀倉地帯になった。

契丹

モンゴル高原東部で活動していた遊牧民。耶律阿保機（やりつあぼき）が916年に契丹国を建国、947年からは国号を遼とした。

西部大開発

江沢民政権が2000年に決定した構想で、東部沿海地区から取り残された西部内陸地区の経済振興を図るもの。

一帯一路構想

習近平国家主席が提唱する広域経済圏構想で、陸海2つのルートで中国と欧州を結ぶ現代版のシルクロード。

北虜南倭

16世紀半ばにモンゴルが北京を包囲した「庚戌の変」や嘉靖（かせい）の大倭寇など、明朝に対する南北からの脅威のこと。

国民国家

近代の西欧で成立した国民、国家、領土を一体のものとする統治形態。国民の同一性をその基礎とする。

日本人の尺度だけでは理解を誤る

2019年6月から始まった香港での反政府デモが長期化、過激化の一途をたどっている。この問題の根源は、返還後の香港をめぐる「一国二制度」の矛盾だ。香港人は「二制度」の維持を重視するのに対し、中国共産党はそれを例えば、植民地の遺制と見なして、「一国」化を譲らない。そこに軋轢が生じた。

こうした共産党の対応は、台湾との関係や少数民族の問題でも見られ、香港に限らない。目前の香港は現代中国社会の象徴であると同時に、中国史の縮図なのである。中国の内情は極めて多様で、バラバラといってもいい。その実態を理解するには、現代をもたらした歴史を知るのが捷径（しょうけい）だ。

日本人が陥りがちな間違いは、自分たちの尺度で中国を見てしまうことだ。日本と中国は初期条件がまるで異なっている。日本の気候は比較的均一で不毛の土地がほとんどないのに対し、中国はそうではない。北方には、遊牧しか営めない草原が広がっているし、農耕が可能な地域でも、乾燥して寒冷な華北と、温暖湿潤の南方では、大きく懸け離れている。そして農耕と遊牧のせめぎ合う境界線上で生まれたのが、黄河文明である。それが発展した到達点が秦漢帝国だった。

気候変動の影響

中国の歴史を考えるうえで欠かせないのが、気候変動との関係である。遊牧世界では、寒冷化によって草原を失った遊牧民は、生存のために南下する一方、温暖化に転ずれば草原が拡大して、移動が活発になる。いずれの場合にも、農耕世界に大きな影響を与えた。

中国史上の人口増減は、おおむね17世紀まで、気候変動による政治・経済的な局面変化でひとまず説明がつく。以降がそうではなくなってくるのは、化石燃料の利用で気候変動のダメージや季節変化の影響が緩和されるようになってきたためだろう。

3世紀の寒冷化までの中国は、遊牧・農耕の境界にある一元的な秦漢帝国だった。ところがそれ以降になると、遊牧民が南下してきて、中原文明は多くの勢力が分立すると同時に、南方のモンスーン地域と複合して拡大した。いわゆる三国六朝時代は、1つのものがバラバラになったのではなくて、違うものがいくつもできてきたと理解したほうがいい。気候変動とそれに伴う移民で、空間的にも社会的にも多元化したのが、キリスト紀元以後の中国だ。

そうした変動の中で、秩序をどう立て直せるかを模索していたのが、三国六朝から6～7世紀ぐらいまでの段階である。隋唐の時代に、統合の方向を見いだし、ようやく一定の体制を打ち立てた。しかしその期間は短く、755年の安史の乱以降、唐はバラバラになる。これは気候が温暖化に転じて、遊牧民の活動が盛んになったのと、時間的に重なり合う事象だった。新たな歴史的段階に入りつつあったのである。

農耕世界でもこの時期に生産力が高まった。灌漑（かんがい）でなく干拓が主流になってきたからである。乾地に水を引いてくる灌漑では、土地と水の制約で生産量が限られるのに対し、干拓なら低湿地の平原を水田に変えるので、面積が大きく生産量も上がる。長江下流の開発進展と水田化により、江南の人口が増えた。こうして南方の経済的優位が確立する。農耕で生産力が上がると、商業も活性化し、それがまた遊牧民の活動を促すという連鎖が生まれた。

契丹（きったん）など遊牧民系の政権は、軍事力が強い一方で、経済力は劣っている。農耕世界の宋は軍事力こそ弱いが、経済的には強い。互いの自立を尊重し合う形で、南北の勢力均衡ができた時期が、200年以上続いた。ところが超大国が出てくると、そのリーダーシップの下に全部がまとまる。現在のアメリカ主導のグローバル化のようなものだが、当時の主役がモンゴルだ。それまでの温暖化で各地に発展してきた要素の集大成、総決算がモンゴル帝国だといえる。

モンゴルは地域のいろいろな個性を殺さないようにして、全体がまとまる統治を行った。商業ならシルクロードにいるソグド系の人々、軍事ならモンゴル系やトルコ系の遊牧民というように分業し、それらを組み合わせたのである。

多元化という方向が一方でありながら、同時にそれらをまとめようとするベクトルも存在して、1つのシステムを形成することが、それまでの中国史・アジア史で成立した型なのだろう。モンゴルもそうだし、その前の契丹もそうだった。大きな枠組みを作って共存を図ろうとすれば、むしろマイノリティーがリーダーシップをとって、全体を緩やかにまとめたほうが安定する。この傾向は後のオスマン帝国なども含め、アジア世界に共通するのではないか。

■黄河文明は境界地域で生まれた
—遊牧世界と農耕世界—

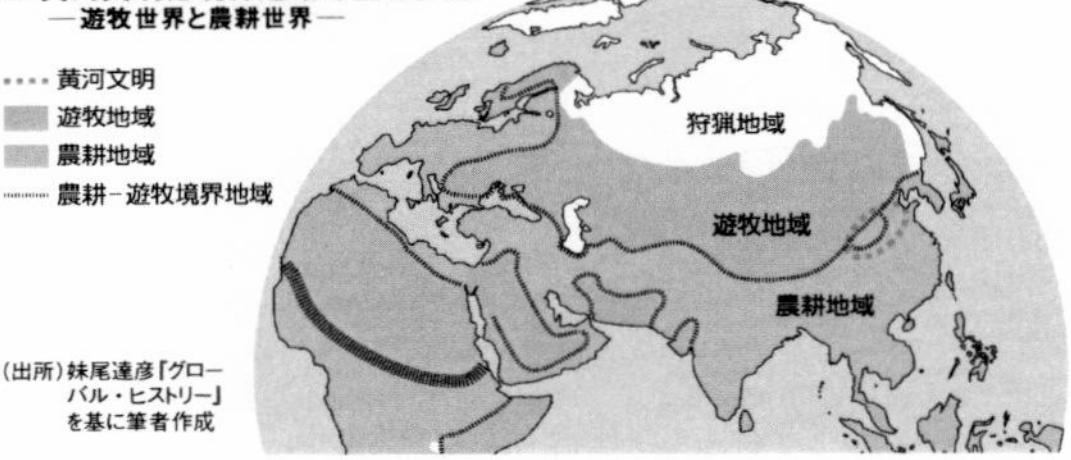

（出所）妹尾達彦『グローバル・ヒストリー』を基に筆者作成

■気候変動とともに人口も増減
—中国の人口動態—

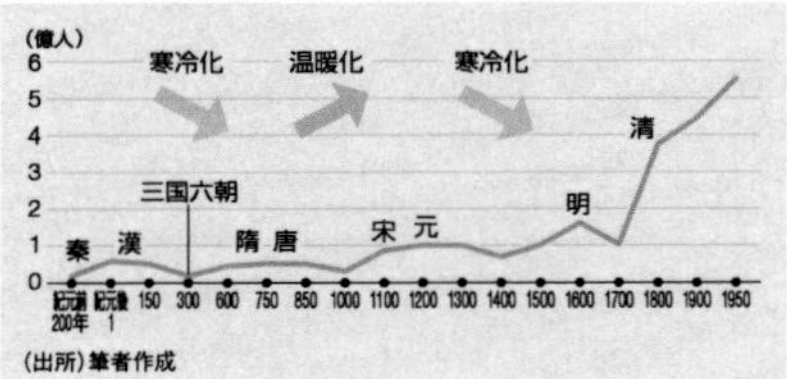

（出所）筆者作成

異形の政権・明朝

ところが中国史の場合、モンゴルの後に明朝がエキセントリックな路線をとったことが、後々多大な影響を及ぼしている。

宋代には軍事力の弱さから、ほかの種族・政権とは対等、あるいは下位に立つような関係にならざるをえなかった。そのために「自分たちのほうが上なのだ」という理念を強調する朱子学のような思想が登場する。明朝はその原則を受け継いだ。

14世紀からの寒冷化で経済的、社会的にダメージを受けていたこともある。明朝の面白さは、イデオロギーによる原理的な政策を徹底的に実施したことだ。例えば「一君万民」という体制理念にすこぶる忠実であって、1人の天子が社会全体を直接に支配する構想をマジメに実現しようとした。中国共産党の一党独裁の起源をここに求めることもできるだろう。

また商業を卑しむ儒教の基本的な考え方にのっとって、反資本主義的な政策で、商業や地主を弾圧した。これには寒冷化に対応して土地の生産力を上げようという狙いもあっただろう。

こうした政策が、経済の回復してきた15世紀ぐらいから時代に合わなくなる。そのままでは行政が立ちゆかないので、現場ではそれなりに対応したけれども、それでも明朝は、イデオロギー・体制をほぼ変えていない。残した記録史料も、現実を必ずしも反映せず、原則どおりの内容であった。それだけ見ていたら統一がとれている印象を受けるが、実際を見てみるとバラバラである。中国史の「言行不一致」は、このあたりから抜きがたい趨勢になった。

東西格差が顕在化

明代でもうひとつ顕著な特徴は、地域格差の軸が南北から東西に変わったことである。それまでの経済発展は、シルクロードが中心で、政治の中心も遊牧と農耕の境界地帯・黄河流域に所在していた。

しかし明朝からは、大航海時代の海洋交易の発展、とりわけ日本列島・アメリカ大陸からの銀輸入が、大きなインパクトをもたらした。沿海地域がより多くその恩恵を受ける一方で、シルクロードで恩恵を受けてきた内陸は、しだいに後退していった。清朝、さらには現在もこの流れが続いており、それを是正しようという動きが西部大開発や一帯一路構想につながっている。

この時期には、上海・蘇州附近の江南デルタの再開発が進んだ。綿花栽培・生糸生産が盛んになって、やがて繊維工業に特化し、良質な製品が大量に産出される。そうした工業地帯に労働者が多く集まったため、食糧が不足してきた。そこでさらに米穀を供給する土地が必要になり、長江中流域の開発が進んでゆく。

こうして各地の特産ができると、その交換が必要になって商業も発達し、そのために貨幣需要も増してくる。ところが明朝は、農本主義で反商業なので、通貨は用意していない。そのままでは経済活動が成り立たないので、民間は独自に貨幣を設定し、遠隔地交易は銀で、地域の日常的なやり取りは私製の貨幣で行った。中国人が政府の通貨を信用しなくなるのは、このあたりからのことである。

銀を貨幣として通用させる仕組みはモンゴルがシステム化し、銀で保証して紙幣も流通させていた。ところが寒冷化とそれに伴う不況で、紙幣が紙切れになったために、明朝は貨幣を廃して物々交換にしようとしたが、永続化にはさすがに無理があった。

こうして建前と実態がいよいよ乖離してきた。官僚のサラリーは建前ではコメだが、実際には銀で支給する。そのためには税金も銀で徴収しないといけないから、政府も実態としては、貨幣経済を黙認していた。それでも公式には認めないので、政府の帳簿にはコメなどの現物で出納したように書いてある。現在も中国の統計の信頼性を疑問視する声が聞かれるが、現実との乖離は、はるか以前から続く問題だ。

政府は建前ばかりで、社会経済が何もわからない。その状況下で、貧富の格差が広がってくる。それ以前から「士庶の別」として、働かせる人と働く人との分離は存在したものの、コミュニティー全体あるいは政府の構成も含めた社会構造全体でいえば、まだそれほどでもなかった。両者の距離が広がったのは、この時期である。それまでの「士庶」は、明代に官・紳・民と重層的になった。

官僚たちを供給するのは各地域のコミュニティーの有力者たちで、紳士という。ローカルな地域社会で、庶民の支持を得て勢力を伸ばした紳士を「郷紳」と呼ぶ。政府当局が現実離れしていただけに、その果たした役割は大きい。

国と民を分けるのが中国のスタイルである。西洋で国民も国家もネーションと呼ぶのは、国民が国家を作り、その国家が国民を治めているので一体だという意味にほかならない。実態は必ずしもそのとおりではないが、そういう観念を成り立たせる地盤がある。

中国では、国・国家とは天命が下って天下を領有支配する機構だ。パラシュートで降りてくるような存在で、民とは別物である。だから、そもそもネーションは成り立たないのが、中国・アジアのシステムである。

明朝は「一君万民」の体制だったが、力量を増してきた民間をうまく統御できなかった。反商業主義から、海外との貿易を禁じる鎖国政策をとったものの、需要が旺盛な銀は国内では枯渇し、輸入するほかない。民間は密輸で対応し、それを担った人々が「倭寇（わこう）」と言われた。北方では中国の茶を欲するモンゴルとの密貿易が行われ、こうした密輸を明朝が弾圧したことで、１６世紀半ばには「北虜南倭」と呼ばれる動乱が発生した。

明代に政治と経済、国家と社会がこのように分離してしまったので、次の清朝では、無用の騒擾が起こらぬように、民間のことは民間に任せ、公権力は口を挟まない姿勢を打ち出した。日本やモンゴルとの関係も、そうやって取りまとめ、モンゴル帝国的な「小さな政府」への回帰が実現する。民間に介入しない代わりに、保護することもない。そういう権力のあり方が定着した。

明代以降、対外貿易を遮断されると、たいへんな不況に陥るのが中国経済のパターンとなる。中国内でモノを動かすには、貨幣としての銀が欠かせない。ところが、その銀は中国で自給できず、外から持ってくるしかなかった。それを遮断されると国内でモノの動きが止まり、経済が萎縮してしまう。それなのに鎖国を標榜する言行不一致が、明朝には見られた。「北虜南倭」の騒擾もそうした矛盾の産物である。清朝がそういう政策をやめ、対外貿易を開放したら、中国の景気は大いに好転した。

技術革新などで生産条件が改善されると必ず、人口が潜在的に養えるレベルまで増えるのが、中国史で繰り返されたパターンである。臨界点まで来ると内乱が発生する。清朝は18~19世紀を東三省・内陸部の開発と移民でしのいだが、最終的には崩壊した。一人っ子政策と経済発展による少子化が進む現在、中国が今後どうなるのかは大きな謎だ。

■「東西格差」は現在まで続く
―18世紀中国の人口爆発と移民の動向―

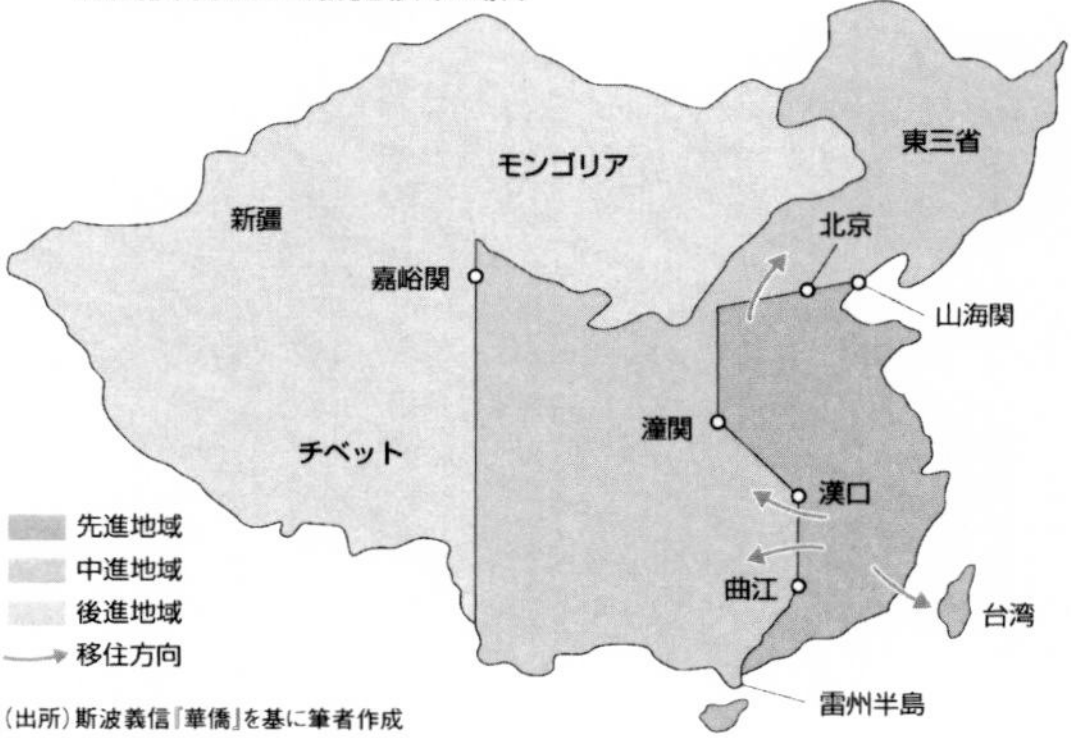

（出所）斯波義信『華僑』を基に筆者作成

国民国家建設のジレンマ

習近平国家主席は「中華民族の偉大な復興」を唱えている。中華民族とは英語ではチャイニーズ・ネーションだが、歴史的には中国にネーションはない。

清末・19世紀後半から、中国でもネーションを築かなくてはならない、あるいはネーションこそ、しかるべき国のあり方だと刷り込まれ、その流れの中で中国共産党が生まれたので、「中華民族」概念を廃するわけにはいかないのだろう。明朝が現実に合っていなくとも、自分たちのイデオロギー・体制・政策を崩さなかったのと同じだ。

言行不一致という点では、鄧小平の改革開放も社会主義と言いながら資本主義だったし、中華民族も、「1つの中国」もしかり。「一国」と言いながら「二制度」にせざるをえない事態が、すべてを物語っており、香港の現状をもたらしたゆえんである。ハイテクノロジーを駆使した現代中国の監視社会化も、為政者が考える枠の中に国民の行動を収めたい、逸脱を防ぎたい一心からなのだろう。

ネーションを形成するには、国内を均質一色にできるくらいの国土規模など、必要な初期条件がある。中国も含めたアジア諸国は親和性が低い。帝国主義の時代にはネーションの形成を目指すしかない状況があったが、今はどうか。国民国家の限界が世界的に露呈している。それでも国民国家の建設という道を選ばざるをえないのが、中国が抱えるジレンマなのだろう。

岡本隆司（おかもと・たかし）
1965年京都市生まれ。京都大学大学院文学研究科博士課程単位取得退学。宮崎大学助教授を経て、現職。博士（文学）。近著に『世界史とつなげて学ぶ　中国全史』（小社刊）。

最強のリベラルアーツ「世界史」

世界史ベストブックス超解説

歴史著述家・宇山卓栄

ビジネスリーダーにとって、世界史は必須の教養。歴史を多面的・複眼的に理解するための名著を厳選して紹介する。

『世界史（上・下）』

ウィリアム・H・マクニール 著／増田義郎、佐々木昭夫 訳
（中公文庫／各1333円）

【ポイント】

・文明の相互作用が社会の変化を生む
・宗教が軸となり文明は形成される
・欧州の優位性は技術革新と民主革命

なぜヨーロッパは、ほかの地域を支配するような優越的地位に就くことができたのか。西欧は産業革命の技術革新によって物的資源を総動員したのと同様に、民主革命によって国民徴兵制など、人的資源を総動員することに成功し、急激に強大化した。

文明の形成においては宗教が大きな求心力を持つ。近代以前、世界各地の諸文明は相互に影響を与え合いながら分立してきた。しかし近代以降、宗教が因習や束縛など発展を阻害する要因となり、それを合理主義で超克したヨーロッパだけが飛躍した。日本人は、こうした「ヨーロッパ文明の必然的な優位」をよく理解し、それを効率的に取り込むことに成功したアジア唯一の民族である。中国人はヨーロッパの技術や思想に関心を示さず、近代化の機会を自ら逸した。また中国の清王朝やインドのムガール帝国、オスマン帝国などの多民族国家は、民族主義による結束を図ることができず、侵略に対し脆弱であった。

本書が発表されたのは1967年。欧米中心主義への反発はポストモダンに結び付き、欧米の外にある価値や基準が見直されていた。マクニールはポストモダンを排し、ヨーロッパ文明の優位を歴史的に証明しようとした。当初は酷評された本書だが、ポストモダンがもたらす混迷へのアンチテーゼとして改めて評価されている。

『大分岐　中国、ヨーロッパ、そして近代世界経済の形成』

K・ポメランツ 著／川北　稔 監訳
（名古屋大学出版会／5500円）

【ポイント】

・19世紀以前、世界は「似た社会」だった

・成長の制約要因は土地と資源

・欧州は植民地を活用した

1800年ごろまで、中国などの東アジアの社会もヨーロッパ社会も構造的な差異はなく「似た社会」だった。似た社会とは土地の開発による食糧生産の増大が人口の増加につながり、単純労働の人数分だけ経済成長していた緩慢な発展の社会である。

一般的に解説されるようなヨーロッパ独自の合理主義や技術革新が社会を牽引していたということはなく、また、中国がヨーロッパと比べ、後進的であったということもない。むしろ経済的に中国のほうが優位であった。しかし、1800年ごろを境に、ヨーロッパは急激な発展に向かい覇権を握る。このようなパラダイム転換が「大分岐」である。

ではなぜ大分岐が生じたのか。それはヨーロッパが資源（石炭）と土地（アメリカ新大陸などの植民地）という2つの要素を有効に活用することができたからである。製鉄の溶鉱炉を大規模に稼働させるには、それに見合った莫大な資源が必要になる。これを従来の木材燃料にだけ頼っていては供給が間に合わない。ヨーロッパでは石炭の燃料利用のための機械技術やシステムが開発され、生産量を飛躍させることができた。ヨーロッパは開発可能な土地を新大陸などの海外植民地に求め、土地制約を打ち破った。植民地では素材や食糧が生産され輸出されたのである。

『国家はなぜ衰退するのか　権力・繁栄・貧困の起源（上・下）』

ダロン・アセモグル、ジェイムズ・A・ロビンソン 著／鬼澤　忍 訳
（ハヤカワ文庫／各1000円）

【ポイント】
・自由な制度が国家の繁栄を生み出す
・包括的制度は金融メカニズムが機能
・中国の政権は収奪的、一部で包括的

国家や社会において、持続的な成長が可能かどうかは、その制度によって決まる。制度が「包括的」である場合は国家や社会は発展し、「収奪的」である場合は発展しない。著者のアセモグルらによると、包括的な制度とは、議会制民主主義に代表される政治制度と、自由で公正な市場経済に代表される経済制度によって構成される。そこでは民主主義が普及し、富が国民にバランスよく行き渡る。私有財産権が保障され、

貯蓄が促進され、投資などの金融メカニズムが機能する。収奪的な制度では、財産権や自由な市場競争が保障されず、人々の意欲をそぎ、独裁政権が民主化を抑圧する。

現在の中国共産党政権は一党独裁で、明らかに収奪的な制度をとる政権に見える。しかし、中国はすさまじい経済発展をしている。これは、収奪的な独裁政権が、部分的に包括的な経済制度を導入したために生じる一時的な現象にすぎない、と論じている。もっとも1つの国家体制は収奪的か包括的かを単一の色で塗り潰せるわけではない。

国家の体制がその盛衰を分けるとする学説は「制度論」と呼ばれる。米国の政治経済学者、ノースやワインゲストらが1980年代に、制度論のモデルを形成し、体制や制度における機能と経済成長の関係を論じた。制度論は、マルクスが主張した「経済的な貧富が政治制度を決定する」という定式に対するアンチテーゼとして捉えることもできる。アセモグルらは制度論を継承し、国家における繁栄と衰退の制度上の共通点を法則化しようとした。

『サピエンス全史　文明の構造と人類の幸福（上・下）』

ユヴァル・ノア・ハラリ 著／柴田裕之 訳
（河出書房新社／各1900円）

【ポイント】
・人類は20万年前にアフリカで誕生
・宗教など「虚構の力」が生存に重要
・近代人も「虚構」を用いて発展した

約20万年前、アフリカに出現した現生人類は、「新人（ホモ・サピエンス）」と呼ばれる。ラテン語でホモは人、サピエンスは賢いという意味である。著者のハラリはアフリカに現れたサピエンスを現生人類の始まりとし、そこから人類が全世界に広がったとする考え方＝アフリカ単一起源説をとる。

サピエンスは言語という「虚構」を築き上げ、宗教などの共通の神話を紡ぎ出す力を獲得した。虚構という集合的想像の力によって、不特定多数の他人と理想や目的を共有し、団結し協力することができ、ネアンデルタール人などの旧人、あるいは残存していた原人に勝つことができた。旧人と新人の脳容積は変わらないが、虚構の力により団結した新人は優位に立つことができたのだ。

こうした大規模な協力態勢が社会や国家へと発展していく原形となり、それは資本や帝国を生み出していった。虚構には宗教だけではなく、貨幣もある。貨幣は宗教的イデオロギーや集団単位を超えて、広範囲に共有される。貨幣は信用創造や再投資によって価値を拡大させ、資本主義社会を発展させた。資本獲得競争において、国家は他国との植民地競争に勝つために、科学の力に大きく依存するようになり、その研究開発に力を入れる。国家や政府だけでなく、資本家も利益を得るために科学の研究開発に投資する。知識や情報は部分的に個人所有されるのではなく、国家や社会全体で共有化する「集合知」に高められた。教育や研究の国家的支援で、サピエンスは集合知を蓄積し、科学を高度化させた。

『長い20世紀　資本、権力、そして現代の系譜』

ジョヴァンニ・アリギ 著／土佐弘之 監訳
柄谷利恵子、境井孝行、永田尚見 訳
（作品社／5200円）

【ポイント】

・資本主義の本質を突く経済史観。資本主義経済は4つの覇権サイクルをたどった

覇権国家の興亡には資本蓄積のサイクルがある。資本蓄積が生産拡大を最初に引き起こし、次いで金融拡張が起こり、それが自壊して、資本は新しい舞台を求めて移動し、4つのサイクルを形成する。「ジェノヴァ・サイクル、1460～1640年（ポルトガル・スペインへの融資支援）」─「オランダ・サイクル、1640～1800年（アムステルダムの発展、海外交易拡張）」─「イギリス・サイクル、1800～1940年（産業革命、奴隷・アヘン三角貿易）」─「アメリカ・サイクル、1940年

～現在（第2次産業革命、金融覇権）」である。
ブローデルやウォーラーステインは資本蓄積過程として「長い16世紀」としたが、アリギは「長い20世紀」を前提に歴史を分析した。

『裏切られた自由（上・下）』

ハーバート・フーバー 著／ジョージ・H・ナッシュ 編
（草思社／各8800円）

【ポイント】
・戦争の第1級資料　ルーズヴェルトは日本を敵視し国民を扇動した
元米大統領のフーバー（任期1929～33年、64年死去）は、第2次大戦中のルーズヴェルト大統領を「狂人」と呼び、日本との戦いはその狂人が望み、米国の挑発によって引き起こされたものだと述べる。

ルーズヴェルトはニューディール政策の失敗を隠蔽し、戦争を景気回復の手段に利用しようとたくらんだ。米国は本来、独ソ戦を傍観すべきであったが、武器貸与法を成立させ、武器を輸出した。そして、戦火をさらに拡大させ、危機をあおり、戦争に反対する米国民を戦場へと駆り立てた。ルーズヴェルトがソ連と通謀していたことは「ヴェノナ文書」からも明らかである。元大統領が20年の歳月をかけて完成させ、2011年に米国で刊行された執念の記録である。

『近代世界システム（I〜IV）』

I・ウォーラーステイン 著／川北　稔 訳
（名古屋大学出版会／各4800円）

【ポイント】

・資本主義の社会構造を3地域の分業体制で分析

筆者のウォーラーステインは2019年8月、88歳で死去した。1970年代、「近代世界システム」という分析モデルを用いて、近代資本主義がどう形成されたのかを解明した。

ヨーロッパ近代資本主義は「中核」「半辺境」「辺境」の3つの地域で、その経済的役割と分業によって形成されていく。中核地域はイギリス・オランダ・北フランス、辺境地域は東ヨーロッパ・新大陸などの植民地、中間的な半辺境地域はイタリア・スペインなどである。中核地域は製造業や第3次産業などの利益性の高い産業を担い、経済余剰の大半を獲得する。辺境は第1次産業を担い、中核がつくる工業製品の原材料を提供する。地域の特徴に合わせ生産に適した社会構造も形成された。

『暴力の人類史（上・下）』

スティーブン・ピンカー 著／幾島幸子、塩原通緒 訳

（青土社／各4200円）

【ポイント】

・宗教や啓蒙思想は人類に共存と調和をもたらした

心理学者の立場から、暴力をキーワードに歴史を論じる。宗教がなかった先史時代、人々の死因の大半は暴力であった。強盗・強姦に付随する殺害、略奪・戦闘に付随する殺害、見せ物としての処刑、奴隷的な強制労働の過労死など、死因の大半が人為的な死であった。

しかし宗教が殺人を罪とする意識を人々に与えたことで、殺人による死因が大幅に減る。宗教は欲望を抑制するための強制力のある装置であり、調和と共存の方法を教えた。その後、啓蒙思想の普及によって戦争は反省の対象となり、野蛮な暴力も減った。そうしたことを膨大な統計データによって証明する。人間の心理には、暴力を回避する自律的機能があることが脳科学や生理学などの観点からもわかり始めているという。

『帳簿の世界史』

ジェイコブ・ソール 著／村井章子 訳
（文春文庫／880円）

【ポイント】
・複式簿記を活用した英米の国家は繁栄した

13世紀末、イタリア諸都市の商人は共同出資による交易を営み、その資金や利益の配分を明確に管理する必要に迫られ複式簿記を発明した。複式簿記は資金の動きを明確化・透明化し、信用を生んだ。ところがフィレンツェのメディチ家は芸術家や学者を支援し文化の中心となったが会計を疎んじ資金を枯渇させた。スペイン王フェリペ2世は熱心なカトリック信徒で金をいやしいものとして、やはり会計を疎んじた結果、デフォルト宣言に至った。不都合な財政を隠蔽するため、厳密な会計ルールを採用しなかった有力者は長続きしなかった。

近代において英国や米国のように会計監査制度を強化した国家は繁栄した。米国の初代財務長官となったハミルトンは、ルネサンス期の厳密な複式簿記を国家財政に導入し、法制度化した。その功績は注目されるべきである。

『人口の世界史』

マッシモ・リヴィ‐バッチ 著/速水 融、斎藤 修 訳
(東洋経済新報社/2800円)

【ポイント】
・国家・社会の衰退と人口には密接な関係がある

人口増加は経済発展に必要なのか。それとも発展の足かせとなるのか。2つの相反する見解が検証される。それは時間や時代のレンジをどうとるかによって、評価が変わってくる。途上国における人口増大が地球の生態系を害する脅威となっていること

を考えれば、長期的に見て人口の抑制は必要である。

近代における経済の発展は、医学の発展やその高度な供給、公衆衛生の改善をもたらし、乳児死亡率の低下や平均寿命の伸長を実現させた。それが人口増大へとつながった。歴史と経済と人口は複雑に絡み合っている。

20世紀以降、人口増大は地球規模で広がり、環境への負荷、貧困拡大などの課題が山積する。地球はどのくらい人口を収容できるのか。筆者のリヴィ - バッチは国際的な自由な人口移動（移住政策）も必要になると説明している。

『概説　世界経済史（Ⅰ・Ⅱ）』

ロンド・キャメロン、ラリー・ニール 著／速水　融 監訳
（東洋経済新報社／Ⅰ：3400円・Ⅱ：4200円）

【ポイント】
・経済発展には重層的に構築される一定パターンあり

技術革新―資源開発・生産性のアップ―人口増大―需用増大―技術革新というサイクルを繰り返しながら、社会は発展する。その流れがどこかで停滞すれば、社会不満が鬱積し、内乱や戦争が発生する。

イスラムは他宗教に寛容であり、諸民族を取り込みながら、経済発展した。中国の科学や技術は、近代以前はヨーロッパよりも高度に発展していたが、儒教的な因習が足かせになった。インドは人口が多く発展の優位性を有していたが、カーストの身分制度により社会が硬直化し、資源を効率的に配分できなかった。

ヨーロッパで起きた産業革命は、資源を集中的に用いる技術革新であり、海外植民地を持っていたヨーロッパは世界規模の資源を大量使用し、飛躍的に生産を増大させた。旧石器時代から現代まで、経済の通史がたどれる。

『戦略の世界史（上・下）』

ローレンス・フリードマン 著／貫井佳子 訳

（日本経済新聞出版社／各３５００円）

【ポイント】

・戦略とは、情報を組み合わせ予測すること

戦略は軍事上のものだけでなく、日常の行動や交渉にも関係する。本書では、孫子やクラウゼヴィッツなどの戦争学にとどまらず、歴史上の宗教者や政治家、科学者、哲学者、文学者の戦略思考、さらにドラッカーなどの経営理論家の戦略思考まで広範に扱う。

戦略は、過去、現在において蓄積された情報を、未来を予測するために、どのように効果的かつ包括的に用いるかということの思考であると定義できる。また、戦略は対立のあるところで、他者にどう関わるかという全体的な文脈を伴った思考でもある。

戦略の優劣が事態の推移に決定的な影響を与え、歴史や社会を動かす要因になる。歴史は個人や組織の思考の優劣によって左右されうる。人間が生得的に持つ戦略思考のパターンと特性を膨大な歴史事例から解明。

宇山卓栄（うやま・たくえい）
1975年生まれ。慶大経卒。予備校講師を経て著述家に。『民族で読み解く世界史』『王室で読み解く世界史』など著作多数。

戦略と歴史には物語性が重要

一橋大学名誉教授・野中　郁次郎

企業戦略や知識創造型企業のあり方で、世界の経営学をリードしてきた野中郁次郎氏。軍事やその歴史にも詳しく、関連の著作は日本の知識人に大きな影響を与えてきた。戦略論の権威が歴史に学ぶ作法を語る。

――『失敗の本質』では旧日本軍の組織的病弊を指摘しています。旧日本軍は過去の教訓を学ぶという点で、不十分だったのですか。

それは違う。旧日本軍はオーバーラーニング（学習過剰）で失敗したというべきだ。ただし成功体験だけをオーバーラーニングしてしまった。例えば、海軍は日露戦争の成功体験に過剰適応した。太平洋戦争時に海戦で最も重要なのは航空兵力であったのに、戦艦中心の大艦巨砲主義から抜け出せなかった。

指摘したいのは「適応」と「革新」のバランスの重要性である。旧日本軍には真剣勝負の対話や議論が欠如していた。過去から学びつつ、時代や技術の変化に適切に対処することができなかった。対照例は、太平洋戦争での米海兵隊だ。水陸両用作戦というコンセプトを開発し、太平洋の島に立てこもる日本軍を蹴散らした。

――旧日本軍は人事でも硬直していました。

米軍には、年齢や階級に縛られず最も適切な将官を選抜する、戦時昇進制度があった。戦時に階級を上げて重要なポストに就かせ、戦争が終われば元の階級に戻すという柔軟な人事制度により、状況に応じてふさわしいリーダーを任命できるのだ。

また、米海兵隊には、次世代の育成に役立てられるよう文書や記録を作成する歴史担当の部署がある。過去の記録を読むことによって、海兵隊のリーダーたちは、隊の歴史に精通するとともに、隊員の武勇伝を歴史的文脈の中に位置づけながら、未来を構想する力を養成している。

海兵隊で毎月発行されている将校・下士官向けの部内誌には、自由投稿を中心に小論文がつねに10本程度掲載され、海兵隊の軍事理論、戦略、戦術、戦闘技能、組織、リーダーシップなどが論じられている。驚くべきは、既存の制度や理論に対しても容赦なく批判が加えられ、知的コンバットが展開されている点だ。記述において、レトリック、物語、理論化・モデル化が意識されているのも特徴だ。

――多くの戦史研究を通じて、戦略のあり方を論じてきました。日本と外国では、戦史研究に違いがありますか。

ローレンス・フリードマン（『戦略の世界史』著者、英ロンドン大教授）や、ジョン・ルイス・ギャディス（『大戦略論』著者、米イェール大教授）のように、さまざまな戦争を取り上げ、世界史全体を俯瞰したような戦史研究は日本にはない。日本の研究者は、時空間を自在に動くメタファー（隠喩）やナラティブ（物語）を駆使したりしないようだ。

歴史研究においては、ナラティブとクロニクル（年代記）という2つの方向性がある。例えば「王様が死に、それから王妃が死んだ」ではなく、「王様が死に、そして悲しみのあまり王妃が死んだ」と「なぜ」をプロット（筋書き）に入れる物語こそが歴史であるとする立場がナラティブだ。私も出来事に意味づけすることが重要だと考える。

事実志向のクロニクル派だった戦史研究の仲間も、やがて出来事の因果や意味を探求するナラティブ派になった。相当に議論し知的作業を積み重ねたからこそ『失敗の本質』が評価され、その後の関連研究も進んだと思う。

――2019年11月に刊行した共著『知略の本質』では、スターリン、チャーチル、ホー・チ・ミンなどの政治家の戦争指導を取り上げています。この中で、ホー・チ・ミンの章を執筆しました。

米軍の失敗の対照例として、ベトナム軍に関心を持ち、その指導者、ホー・チ・ミンの戦略を研究したくなった。彼は、私が戦略論で重視する「フロネシス」（実践的な知）を体現した人物だ。

「民族の解放と独立」という明確な目標を持ち、革命と戦争という修羅場体験を通じて、その歴史的構想力に磨きをかけていった。他者と文脈を共有し、共感を醸成し、生きた言葉で概念や物語を作る能力に秀でていた。戦略を立案するだけでなく、実践知を組織化する能力があった。希有な政治指導者だろう。

物語だからこそ人は動く

――戦略を考える際、歴史から教訓を得るという考え方に賛成されますか。時にそれは恣意的になるので控えるべきでしょうか。

単純な事実認識だけでは、因果があいまいになる。数値やデータの分析を併用しつつ、過去の事例や記述の蓄積を活用する。

歴史の重要性は言うまでもないが、現象学的時間からも説明できる。哲学者のフッサールは三人称的な物理的時間とは別に、一人ひとりに存在する一人称の主観的時間を提唱した。「いま・ここ」で知覚される現在は、一定の幅を持っている。例えばドレミというメロディーを聴くとき、人は「たったいま」聴いている〝レ〟の音と過ぎ去った〝ド〟という音と未来の〝ミ〟という音を同時に聴いていると知覚する。幅のある現在を生きるわれわれにとって、歴史とは過去、現在、未来を包括的に理解する重要な要素だ。

物語は、複数の出来事について人の関心に基づいて意味を与え、関連づける言語行為であるといわれている。物語るという行為（コト）によって、「私とあなた」という共感の関係性が生まれる。さらにはこの二人称の共感を媒介にして、社会や組織を共有する構成員すべてに「われわれの主観（共有された主観）」が広がり、組織として動くことができる。

――戦略も物語が重要であるということですか。

戦略は静態的な環境の下で、経済学的・数学的な客観分析だけで策定されるのではない。人の要素を切り離しても、よい戦略は生まれず実行もされない。

戦略とは、動的な環境のただ中で、「いま・ここ」から主体的な「生き方」を創造するプロセスである。物語るという行為が人々を戦略実行に突き動かす。「賢い」戦略とは筋立て（プロット）と行動指針（スクリプト）で構成される。このような物語戦略は、大きな流れの中で、構成員一人ひとりが、変化する文脈に応じて自律的行動を取ることを可能にするのだ。

（聞き手・長谷川　隆）

野中　郁次郎（のなか・いくじろう）

１９３５年生まれ。知識創造理論で世界の経営学をリード。日本学士院会員。歴史研究者との共著『失敗の本質』は日本の軍事研究に大きな影響を与えた。

ビジネスのリスク管理に必須　世界の宗教文化を身に付ける

「宗教文化を学ぶことは、日本のビジネスパーソンにとって欠かせないリスク管理だ」

そう語るのは国学院大学名誉教授で宗教情報リサーチセンター長の井上順孝氏。今や日本のビジネスパーソンは外国人との取引が日常化している。日本に来る外国人は増え、アジアやアフリカなど出身地域も多様化している。宗教への理解が不十分だと、ビジネスで思わぬ損失を出しかねない。

例えば、イスラム教徒の多いインドネシアで豚の酵素を使った食品を製造・販売し、生産停止や商品回収に追い込まれたケース(イスラム教徒は豚肉を食べてはならない)や、ゲームソフトで、イスラム教の聖典コーランの表現が含まれていたために、冒涜と受け取られる可能性があるとして、発売が延期になり当該部分の修正を迫られたケースがある。

また最近は、外国人の部下を持つ日本人ビジネスパーソンも増えている。宗教をよく理解していないとコミュニケーションがうまくいかず、成果を出せなかったり、辞められたりしてしまう。

例えばヒンドゥー教徒は牛を聖なる動物と考えているため、一部の例外を除くと決して牛肉は食べない。にもかかわらずよかれと思って歓迎会などでステーキ店に行くと逆効果だ。イスラム教徒の女性の多くは、家族以外の男性のいるところでは髪をベールで覆うため、「社内ではベールを取るように」と注意すると問題になる。

このように宗教を背景とした文化の違いへの理解は容易ではない。ベールなども、人によって厳密さが異なっていたりする。現実的な方法としては「ある程度の基礎的な知識を身に付けたうえで、本人に個別に聞いて対応することが大切だ」（井上氏）。

世界と異なる島国日本

後の図のように世界の宗教人口分布はキリスト教が約3割、イスラム教が約2割、ヒンドゥー教が約1割、仏教は5%だ。これに対し日本人の多くは仏教系で、しかも神道にも日常的になじんでいる。島国で独自の宗教文化を発達させた日本人からすると、宗教理解のハードルは高いかもしれない。しかしその知識の有無は、今やビジネスの結果に直結する。基礎知識は身に付けておきたい。

■ 世界の宗教人口分布

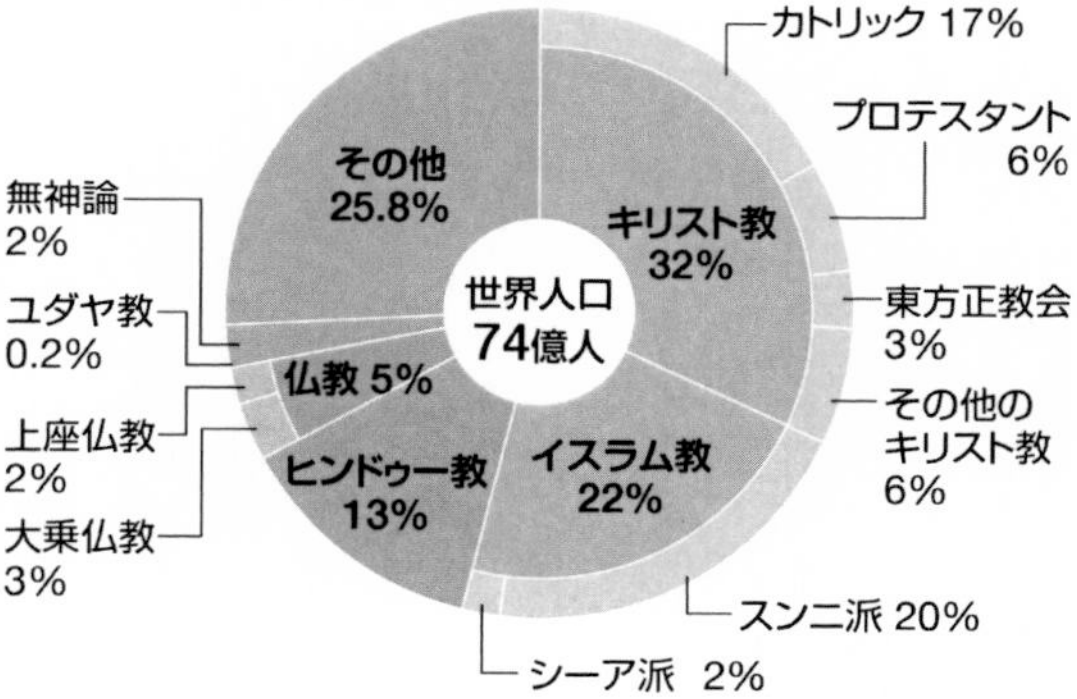

（出所）各種資料を基に本誌作成

そのときに参考になるのが、宗教文化教育推進センターが実施している「宗教文化士」認定試験だ。2011年から2018年11月までに15回行われている。その過去問を基に刊行された書籍『解きながら学ぶ日本と世界の宗教文化』からの出題例から次の4問に挑戦してみよう。なお宗教文化士の受験資格は、現在は大学卒業後2年以内など限定的だが拡大に向けての準備が進んでいる。

「宗教文化士」認定試験に挑戦

【問1】宗教文化の問題が関わってきそうな事業を国外で行うことになった会社が社員を派遣するとして、まずは妥当と考えられるものを次から1つ選びなさい。

① 南アフリカに派遣するとき、イスラム教について学んだ人を選ぶ
② イスラエルに派遣するとき、ユダヤ教について学んだ人を選ぶ
③ ミャンマーに派遣するとき、ヒンドゥー教について学んだ人を選ぶ

【問1】は、イスラエルがユダヤ人の多い国であると理解していれば答えられるはず。南アフリカはキリスト教徒、ミャンマーは仏教徒が多い。各国の宗教は外務省のHPにも掲載されている。（正解②）

【問2】外国人に「日本人の宗教は何ですか？」と聞かれた場合の説明として適切なものを次から1つ選びなさい。

①「日本人は基本的に全員、神道の氏子（信者）と考えてよいでしょう」
②「日本人の約7割は初詣に行くという統計がありますが、信仰を持っているかという質問になるとYESと答える人のほうが少なくなります」
③「日本人のほとんどは無神論者です。これは世界でも珍しいことです」
④「いちばん多いのは自分が神道の信者であるという人で、次が仏教だという人です。キリスト教を信じているという人も1割くらいいます」

【問2】は、訪日外国人に聞かれやすいテーマ。日本人のうち自覚的な信仰を持つ人

は2～3割程度だが、初詣などの宗教的行事の実践は広く行われている。（正解②）

【問3】国際会議の後のパーティーに関する指示として適切なものを次から1つ選びなさい。

①「この会議にはインドからの参加者が多いからビーフステーキを出すのはやめておきます」

②「この会議は東南アジアの僧侶たちが多いからアルコール類を出しましょう」

③「この会議にはフランスやイタリアのカトリック圏の人が多いからビールを避けてワインだけにします」

④「この会議はシク教の人が多いらしい。肉よりもタイやマグロの刺し身を多めに出します」

【問3】の食べ物に関する宗教知識の必要性は高まっている。ヒンドゥー教徒の多いインドからの参加者が多いときは、牛肉は控えよう。東南アジアは上座仏教徒が多

く、その僧侶はアルコール類が禁じられている。（正解①）

【問4】21世紀における世界各地の動向と宗教との関係について適切な記述を次から1つ選びなさい。

① 2014年にスコットランド独立住民投票が行われたが、その背景にはスコットランドにおける最大勢力であるカトリックと、英国国教会との対立がある。

② スーダンでは2011年、南スーダンが分離独立したが、その大きな要因に北部のキリスト教徒と南部のイスラム教徒の対立があった。

③ ミャンマーから国外へ脱出する人が後を絶たないロヒンギャ族は仏教国のミャンマーに暮らすイスラム教徒の少数民族である。

④ 新疆ウイグル自治区では、景教と呼ばれるネストリウス派キリスト教の信者による中国からの分離独立運動が近年盛んになりつつある。

【問4】の宗教と紛争の関係については、後述「宗教と紛争との深い関係」を参考に

してほしい。（正解③）

（出所）宗教文化教育推進センター編『解きながら学ぶ日本と世界の宗教文化』を基に本誌作成。

（福田　淳）

戒律や神学上の違い…一神教と多神教の差を知る

宗教学者・中村圭志

世界の宗教に関する教養的知識が欲しいという要望は多い。ここでは宗教「理解」のためのポイントを書き並べてみることにする。

まず、よく言われていることだが、やはり多神教と一神教の違いが重要だ。ここに大きなギャップがある。大まかに言って、漢字文化圏と東南アジア北部、そしてインドの辺りは多神教が根付いている社会であり、日本人の感覚でお付き合いしても信仰上のトラブルは少ない。

しかし、そのほかの地域にはおおむね一神教が広がっている。欧米はキリスト教、中東や東南アジアの南部はイスラム教だ。この「唯一絶対の神」の信仰は、日本人にとって苦手に見えるだろう。

一神教の中でも戒律を重んじるイスラム教は、日本人にとって特にとっつきにくい。伝統的に日本人は、意識的に戒律に従うのを嫌ってきたからである。日に5回の礼拝、利子や豚肉食の禁止など「絶対神がそう決めた」と説明されても、なんでいちいち守らなければならないのか、と思ってしまう。

日本人にも戒律はある

これに対する合理的な答えはないが、例えば次のように考えるのはいかがだろうか。日本人にも食べない肉はあるし、外国人が驚きあきれるほど頻繁にお辞儀をしたり、人間関係を年功序列的に捉えたりするなど、日本社会にも隠れた「戒律」みたいなものがある。

人類学的に見れば、どんな民族も行動規制を持っている。それを明示的に名付ければ「戒律」ということになる。神の戒律には確かに不自由な部分があるが、日本社会を覆う「無意識の戒律」だってなかなか厄介なものなのだ。

同じ一神教でも、キリスト教を支えているのは戒律よりむしろ神学である。天上のキリストは、戒律の遵守よりも愛の実現に励んで信者が自らを神に奉献することを期待している。キリスト自身が人類の罪を背負って犠牲死を遂げるという神業を行ったのだとされる。

キリスト教文明の興味深い点は、中世の昔からこういうSF的な思考に沿って人生と世界を抽象的に眺め続けてきたことだ。こうしたビジョンから、人権や民主主義などのさまざまな抽象的理念が生み出された。西欧に発する科学も、揺籃期には神への奉献の意識で営まれていた。

現代の欧米の人々の特徴は、宗教者と世俗の人間の区別なく、(よくも悪くも)人類の運命を背負って立つ気概が強くて、すぐさま〝運動〟を起こすことである。カトリック信仰の代表者であるローマ教皇の活動にも、気候変動問題の啓蒙という世俗の運動の立役者となっているグレタ・トゥンベリさんの活動にもどこか共通したものがあるだろう。

キリスト教文明に比べると歴史的にイスラム教のほうがはるかに内向きである。共同体の防衛には敏感だが、伝道に熱心ではなかった。ちなみに、トゥンベリさんをめぐって日本では、「女子どもが何を言う」的反応があったといわれるが、もしそうなら、それは儒教の影響かもしれない。論語に曰く「女子と小人は養い難し」。これもまた日本の「無意識の戒律」だ。

では、インドや中国などの多神教をどう理解したらいいだろうか。伝統的に一神教の学者は、多神教を蔑視してきた。多くの神々の統一の取れない行動を信じる多神教徒の思考は曖昧で、宇宙を動かす超越的一者を信じる一神教徒の思考は高尚だというのである。もちろん、そうした主張は一方的なものにすぎない。

アジアの多神教には「神」ではなく、「理法」のような形で宇宙を動かす一者を求める伝統がある。インドの宗教ではダルマ（法）を求め、道教ではタオ（道）を求める。そうした理法を修行によって自らのものとしたものが「悟り」や「安心」である。そして神々もまたこの修行にいそしんでいるとされるのだ。

仏教は、時には壁に向かって悟りの修行をし、時には阿弥陀仏、大日如来、観音菩薩、不動明王といった「神々」を拝む。理法信仰と多神教が二人三脚で信者を導くのが東洋流のやり方なのだ。

読者も海外の宗教に圧倒される前に、多神教的な東洋思想のロジックをおさらいしてはどうか。

重層的な信仰からの宗教

東アジアではアニミズム、多神教、理法の修行が多重的になっているが、一神教世界でも、唯一神の信仰の建前の下で、アニミズムや多神教が生きている。例えば天使の信仰がそうだ。カトリックのように諸聖人を拝むこともある（聖人は仏教でいえばさしずめ菩薩だ）。欧米人もコックリさんのような心霊術をやるし、イスラム教徒もアラジンのランプから出てくるような精霊を信じている。諸宗教における信仰の重層性については、次図を参照してほしい。

信者にとって神の教えは絶対である。その絶対的信頼を土台にして、個人の心理と社会の営みを安定させているのが宗教というものだ。しかし、外から客観的に見る限り、宗教とは相対的なものだ。世界中にてんでんばらばらの教えがあるばかりでなく、同じ宗教ですら歴史的に変化してきたし、宗派同士のけんかも絶えなかった。

重層的な信仰から生まれた宗教 ―宗教の歴史―

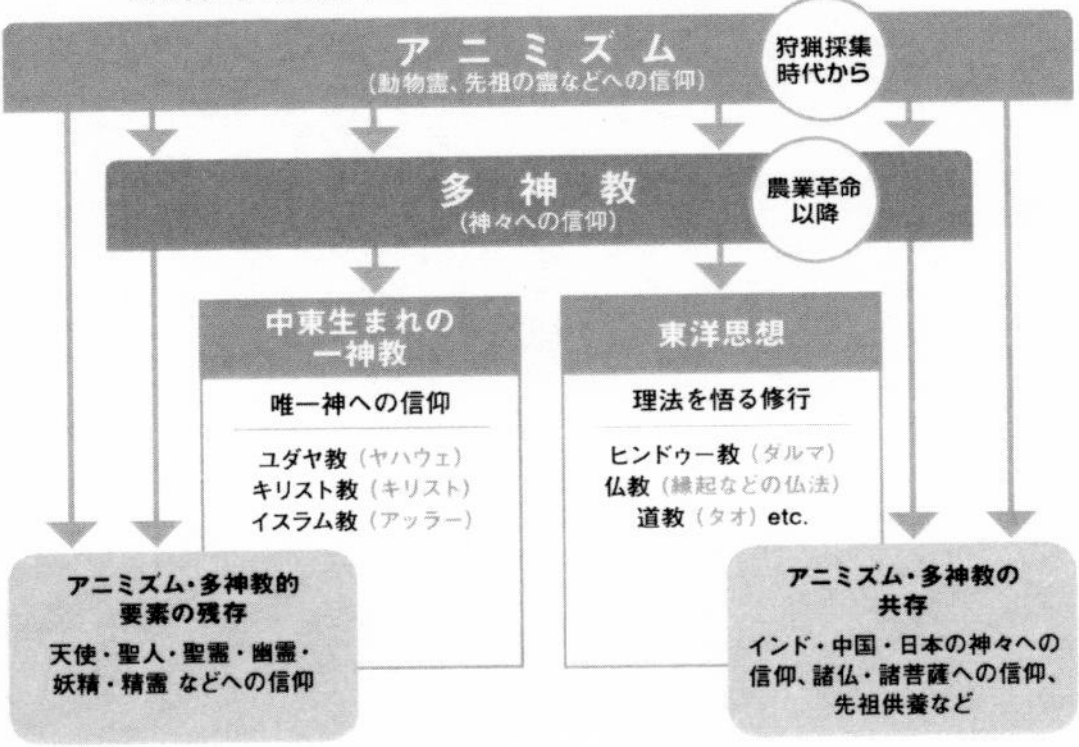
アニミズム
(動物霊、先祖の霊などへの信仰)
狩猟採集時代から
多神教
(神々への信仰)
農業革命以降
中東生まれの一神教
唯一神への信仰
ユダヤ教(ヤハウェ)
キリスト教(キリスト)
イスラム教(アッラー)
東洋思想
理法を悟る修行
ヒンドゥー教(ダルマ)
仏教(縁起などの仏法)
道教(タオ) etc.
アニミズム・多神教的要素の残存
天使・聖人・聖霊・幽霊・妖精・精霊 などへの信仰
アニミズム・多神教の共存
インド・中国・日本の神々への信仰、諸仏・諸菩薩への信仰、先祖供養など

今日では人類学者も社会学者も、宗教は歴史文化遺産として相対的なものだと考えている。世界の民衆の多くはそこまで割り切れていない。しかし欧米を中心に新たな展開が見られるようになった。

現在の世界の大きな動きの1つとして、無神論の台頭が挙げられる。2010年代において欧米で最も成長著しい「宗教」は、実は無神論なのである。背景にあるのは、宗教テロへの嫌悪やフェミニズム、LGBT（性的少数者）運動などの人権意識かもしれない。古代や中世の男性中心主義の世界観を受け継ぐ宗教は、男尊女卑やマジョリティーの偏見をそのまま固定しているからである。

無神論〝運動〟が大々的に立ち上がるということ自体は、キリスト教的西洋の文化的特徴といえそうだ。実に、奥が深い。

中村圭志（なかむら・けいし）
1958年生まれ。北海道大学文学部卒業、東京大学大学院人文科学研究科博士課程満期退学。著書に『図解　世界5大宗教全史』『西洋人の無神論　日本人の無宗教』など多数。

【キリスト教】神の愛を説く世界最大の宗教

世界最多の信者を擁するキリスト教。その創始者であるイエスが生まれたのは紀元前4年ごろとされる。洗礼者ヨハネの洗礼を受け、神の愛による救済と隣人愛を説いた。紀元後30年にローマ帝国への反逆者として処刑された後もイエスの教えは受け継がれ、キリスト教として布教された。ローマ帝国の国教となったが、ローマ帝国が東西に分裂すると、教会内でも対立が始まり、東方正教会とカトリック教会に分かれた。両者の対立は長く、和解は1965年だった。

11世紀には、イスラム教徒からの聖地エルサレム奪還を大義名分に、欧州のキリスト教諸国による十字軍の遠征が始まり13世紀まで続いた。1500年代には宗教改革が起き、カトリック教会からプロテスタントが分派。ピューリタン革命などを経てさまざまな教派が生まれた。

キリスト教の歴史

紀元前4年ごろ：イエス誕生
紀元28年ごろ：イエスがヨハネにより洗礼を受ける
30年：イエスが処刑される
60〜90年：新約聖書・四福音書の成立
392年：ローマ帝国の国教に
1054年：カトリック教会と東方正教会に分裂
1096〜1270年：イスラム教徒から聖地エルサレムを奪還するため十字軍遠征
1500年代：ルターやカルヴァンらによる宗教改革が起こる
1500〜1600年代：カトリック教会とプロテスタントの対立に民族紛争も絡んだ宗教戦争が相次ぐ
1965年：カトリック教会と東方正教会が和解

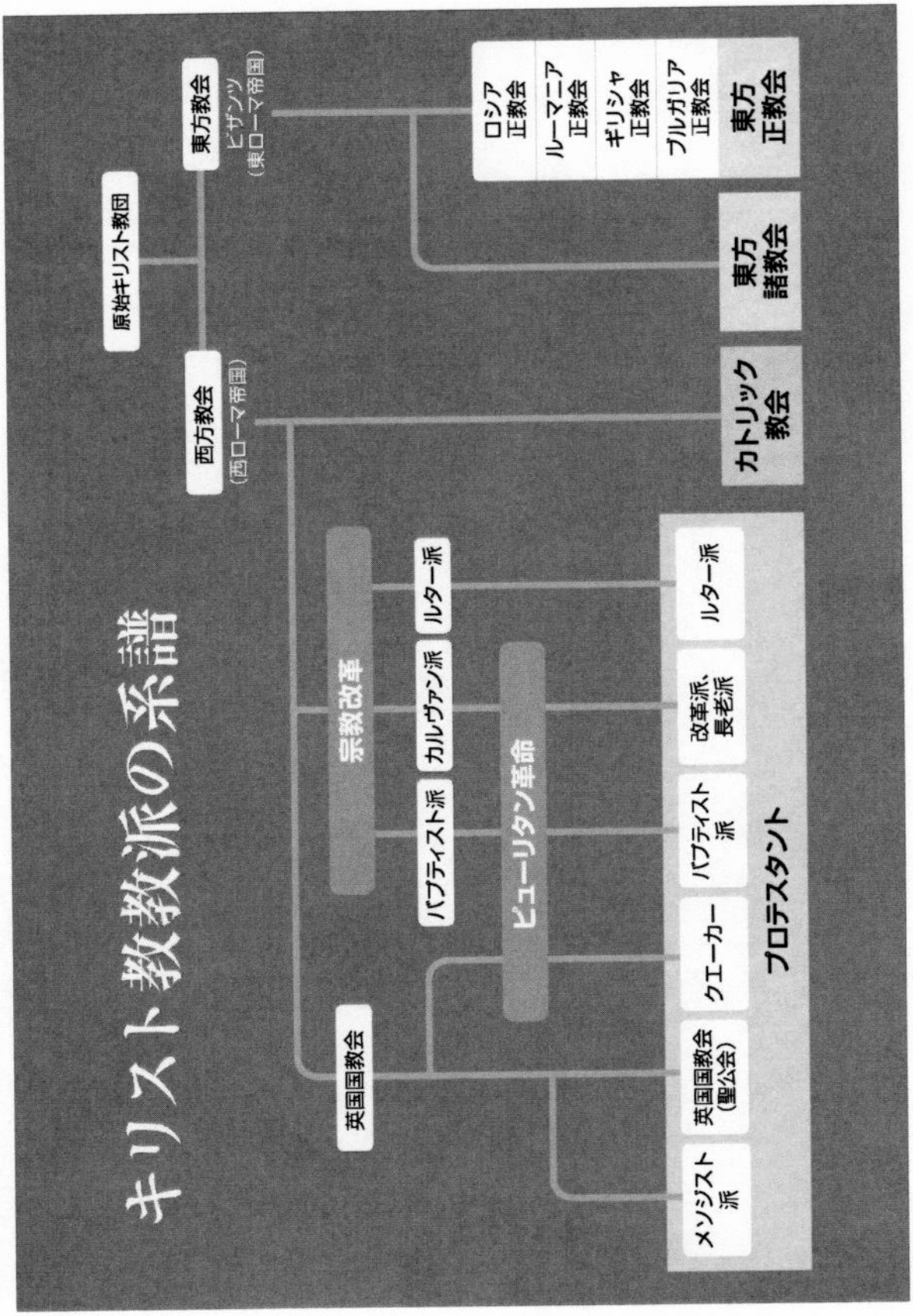
キリスト教教派の系譜
原始キリスト教団
西方教会
（西ローマ帝国）
東方教会
ビザンツ
（東ローマ帝国）
宗教改革
ピューリタン革命
英国国教会
バプティスト派
カルヴァン派
ルター派
メソジスト派
英国国教会（聖公会）
クエーカー
バプティスト派
改革派、長老派
ルター派
プロテスタント
カトリック教会
東方諸教会
ロシア正教会
ルーマニア正教会
ギリシャ正教会
ブルガリア正教会
東方正教会

ユダヤ教を母体に生まれた

イエスはユダヤ人でありユダヤ教徒だった。当時のユダヤ教は、神ヤハウェからの十戒を基に、数多くの厳しい戒律が存在していた。しかし、貧しい者や病人がそれらすべての戒律を守ることは難しかった。そこでイエスは律法重視の考えに疑問を持ち、神を信じる者は誰でも救われると説いた。このように、ユダヤ教への批判がキリスト教の原点となっている。

キリスト教徒にとっての聖典は『旧約聖書』と『新約聖書』の2つ。旧約聖書はユダヤ教の聖典でもあり、ユダヤ民族の歴史が記載されている。新約聖書はイエスの教えや言行が伝えられている。

「新約」とは神と人間の「新しい契約」という意味。キリスト教徒から見た古い契約である「旧約」と対比されている。ユダヤ教では新約聖書は聖典ではない。

ユダヤ教とキリスト教の違い

	ユダヤ教	キリスト教
聖典	『旧約聖書』	『旧約聖書』 +『新約聖書』
信仰対象	唯一絶対の神、 ヤハウェ	三位一体の神 （父なる神、 神の子イエス、 聖霊）
救いの対象	選ばれた民、 ユダヤ人	民族を問わず 信じる者 すべて
救い主	まだ出現して いない	イエスが メシア（救世主） である

旧約聖書と新約聖書の違い

旧約聖書	新約聖書
前10世紀から前2世紀ごろに ヘブライ語で書かれた 39の文書	1〜2世紀に ギリシャ語で書かれた イエスの教えを説く27の文書
モーセ五書 創世記、出エジプト記など	**四福音書** マタイ福音書、マルコ福音書など
歴史書 ヨシュア記、士師記など	**使徒言行録**
知恵文学 ヨブ記、詩編など	**パウロの手紙** ローマの信徒への手紙など
預言書 イザヤ書、エレミア書など	**ほかの使徒への手紙** ヘブライ人への手紙など
	ヨハネの黙示録

キリスト教の3大教派（現代）

現代のキリスト教は3つの教派に大別される。信者が最も多いのはカトリック（約11億人）で、欧州と中南米に多数の信者がいる。カトリック教会の司祭は聖職者として生涯独身で過ごし、一生を神に捧げる。2019年11月下旬に来日したフランシスコ教皇はカトリック教会のトップだ。

次いで多いのがプロテスタント（約4億5000万人～5億人）で北欧、西欧、北米に多い。ルター派など多くの教派がある。北米では主流派プロテスタントと福音派とに大別される。3番目に多いのが東方正教会（約2億7000万人）。ロシア、ギリシャ、東欧諸国に信者が多い。国別に総主教が置かれ、ギリシャ正教会、ロシア正教会などがある。

米トランプ大統領を支える福音派

米トランプ大統領は福音派からの厚い支持が続いている。米国内の福音派の実に7割前後が17年の大統領就任以来、トランプ大統領を肯定的に評価し続けている(米ピュー・リサーチセンター調べ)。

福音派は米国民の4分の1を占める最大の宗教勢力。キリスト教プロテスタントのうち聖書の言葉を厳格に守ることを教えの柱とする保守派の総称で、中絶や同性婚に強く反対している。

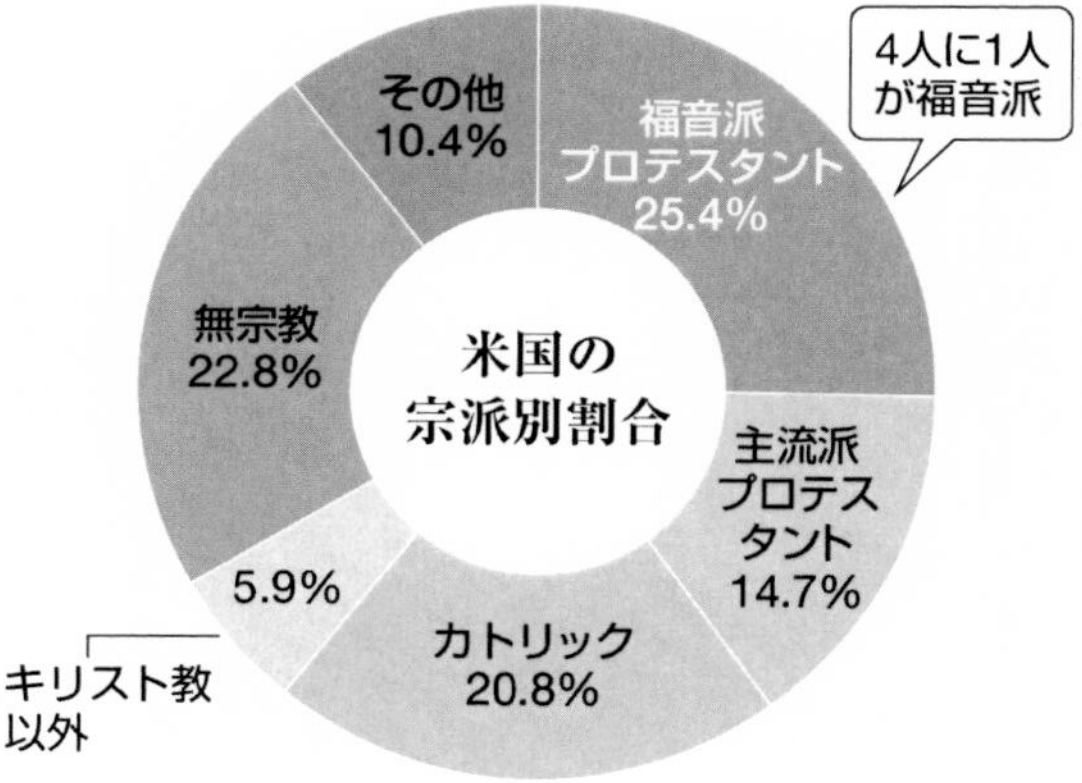

（出所）米ピューリサーチセンター

【イスラム教】唯一神アッラーへの信仰を説く

イスラム教の創始者はムハンマド。現在のサウジアラビア・メッカ周辺に生まれた。40歳前後の610年ごろ、唯一神アッラーの啓示を受け、預言者としてイスラム教の布教を始めた。

当時のメッカは多神教信者が多く、ムハンマドとその信徒は迫害を受けた。そのため同じアラビア半島のメディナに移住。そこで信徒を増やした後、再びメッカに戻り、勢力を伸ばした。ムハンマドの存命中にイスラム教はアラビア半島全体に広がり、その死後、半島の外へも勢力を拡大していった。

聖典はクルアーン（コーラン）。アラビア語で書かれ、その元来の意味は「朗唱されるもの」だ。目で文字を追って読むのではなく、声に出して唱えるべきものとされる。

神からの啓示がそのまま記されており、翻訳は許されず、そのため翻訳版はあくまでも注釈書と見なされる。内容は多岐にわたり、旧約聖書の物語と重なるものもある。

神の啓示を記した クルアーン（コーラン）

アッラー（唯一の神）

↓ 610年ごろ 神からの啓示

ムハンマド

イスラム教創始者、
570年ごろ～632年

クルアーンの特徴

- 神からの啓示がそのまま記されている
- 一字一句が神聖で翻訳は許されない
- アラビア語の韻を踏んで音読すべきもの
- 114の章がおおむね時系列の逆順に並べられている

信仰と行動の基本・六信五行（ろくしんごぎょう）

イスラム教徒（ムスリム）には、「六信五行」と呼ばれる、信仰や行為についての具体的な規範がある。

六信とは、唯一神アッラー、天使、啓典、預言者、来世、予定の6つを信じること。アッラーは全知全能の神で偶像化が禁じられている。啓典はクルアーンのほか、旧約聖書のモーセ五書や詩編、新約聖書の福音書も含まれる。

預言者はムハンマド、アダム、ノア、イエスなど二十数人いるが、ムハンマドが「最後にして最大の預言者」とされる。来世は死後の世界。終末の最後の審判によって人々は天国か地獄に送られる。予定とは、神はすべてを見通し、すべてが予定されているということを意味する。

五行とはムスリムに求められる5つの行動のこと。信仰告白はアラビア語で唱え、礼拝は1日5回、メッカの方角を向いて行う。喜捨は一種の税金。断食はイスラム暦の9月に日中の飲食や喫煙、性交などを絶つ。巡礼で一生に一度はメッカのカアバ神殿に参拝する。

イスラム教徒（ムスリム）の6つの信仰対象

【アッラー】唯一の神

【天使】神と人間との中間的存在

【啓典】クルアーン（コーラン）、モーセ五書や詩編（ともに旧約聖書）、福音書（新約聖書）

【預言者】神の声を伝える人。ムハンマドを含め20数人いるが、ムハンマドが神の使徒であり、「最後にして最大の預言者」

【来世】終末には神による最後の審判が行われ、天国か地獄に送られる

【予定】神はすべてを見通す。すべての事が予定されている

信仰の具体的な5つの行動

【信仰告白：シャハーダ】「アッラーのほかに神はなく、ムハンマドはアッラーの使徒

である」とアラビア語で唱える
【礼拝：サラート】夜明け前、正午、午後、日没後、夜の1日5回、メッカの方角を向いて礼拝
【喜捨（きしゃ）：ザカート】一種の税金に近い。所得のうちの一部をイスラム共同体に支払う
【断食：サウム】ラマダーン月（イスラム暦の9月）に日の出から日没まで食事や飲み物を断つ
【巡礼：ハッジ】一生に一度はメッカのカアバ神殿に参拝する

宗派の対立

イスラム教は大きく、スンニ派とシーア派に分かれる。約9割がスンニ派、約1割がシーア派とされる。2つに分裂したのはムハンマドの死後、4代目のカリフ（後継者）となったアリーの時代。内部争いが起き、アリーとその子孫に共同体を指導する

権利があると主張する人々がシーア派を結成した。

これに対して、預言者の規範（スンナ）に従って生きることを重視する多数派はスンニ派（スンナ派）と呼ばれている。

スンニ派とシーア派は政治的にも対立している。1979年、シーア派の指導者だったホメイニ師がイランで革命を起こして政権を奪取すると、80〜88年、当時はスンニ派国だった隣国イラクとの間でイラン・イラク戦争をした。

スンニ派の大国はサウジアラビア。親米的で、2019年5月にサウジのタンカーがホルムズ海峡付近で攻撃を受けると米当局はイラン関与の可能性ありと分析、米国はイランへの経済制裁を強めた。ほかのスンニ派の国も親米が多い。

イランはロシアが味方についている。スンニ派とシーア派の対立は大国の思惑とも絡んでいる。

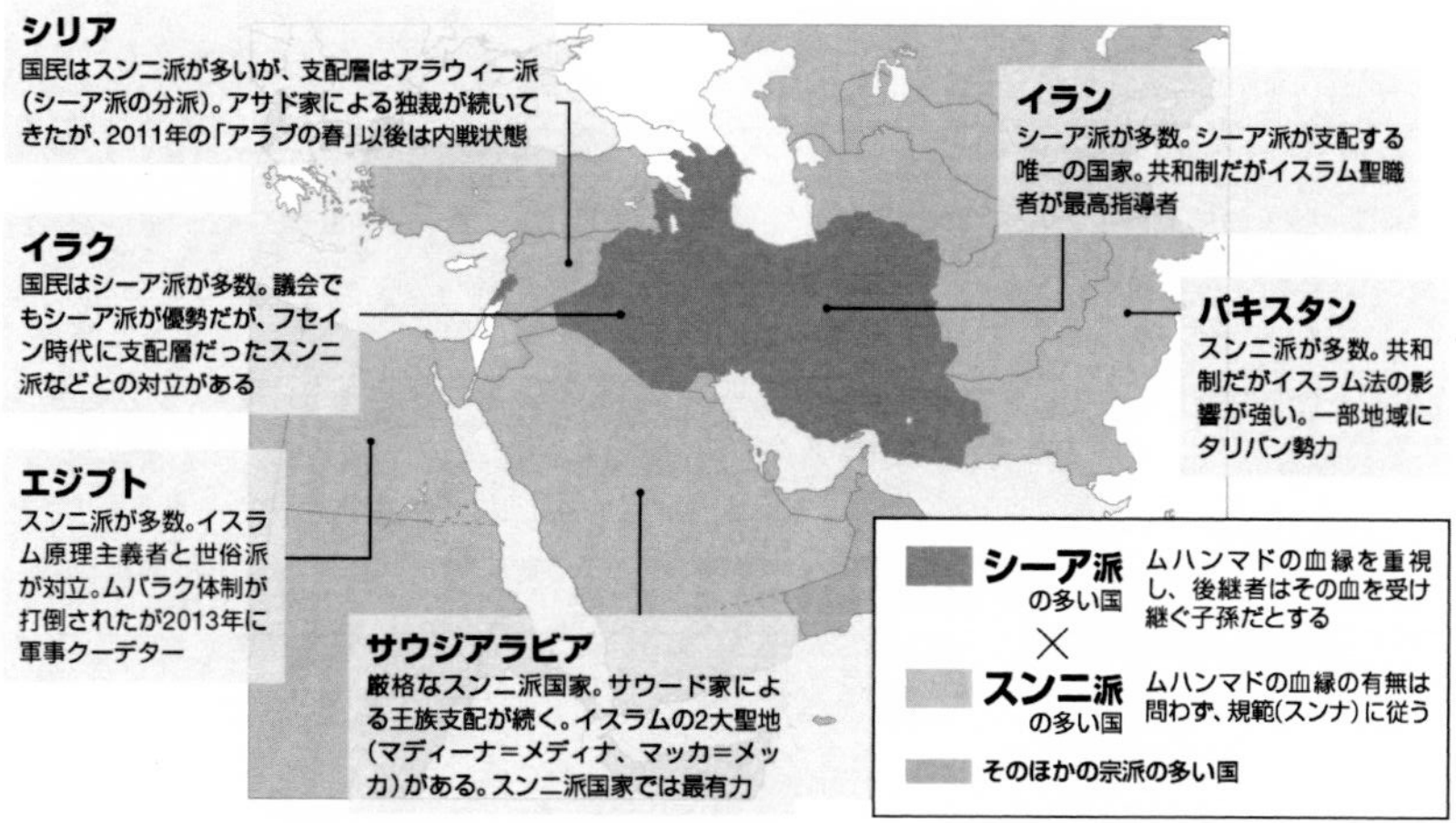
シリア
国民はスンニ派が多いが、支配層はアラウィー派（シーア派の分派）。アサド家による独裁が続いてきたが、2011年の「アラブの春」以後は内戦状態
イラク
国民はシーア派が多数。議会でもシーア派が優勢だが、フセイン時代に支配層だったスンニ派などとの対立がある
エジプト
スンニ派が多数。イスラム原理主義者と世俗派が対立。ムバラク体制が打倒されたが2013年に軍事クーデター
サウジアラビア
厳格なスンニ派国家。サウード家による王族支配が続く。イスラムの2大聖地（マディーナ＝メディナ、マッカ＝メッカ）がある。スンニ派国家では最有力
イラン
シーア派が多数。シーア派が支配する唯一の国家。共和制だがイスラム聖職者が最高指導者
パキスタン
スンニ派が多数。共和制だがイスラム法の影響が強い。一部地域にタリバン勢力
シーア派の多い国
ムハンマドの血縁を重視し、後継者はその血を受け継ぐ子孫だとする
×
スンニ派の多い国
ムハンマドの血縁の有無は問わず、規範（スンナ）に従う
そのほかの宗派の多い国

「イスラム国」のその後

イスラム教徒の中には、自らが信じるイスラム理想社会の実現のためにテロや殺人、暴力などの犯罪をいとわない武装グループが存在する。

2014年に国家樹立を一方的に宣言し、パリ同時多発テロなどを引き起こし世界を震撼させたのがIS（「イスラム国」）だ。一時は、シリアやイラクの一部を実効支配した。国際社会はIS排除で一致し、軍事行動や経済制裁を行った。米国は19年10月にISの指導者バグダディを殺害。米国はISを完全制圧したと宣言し、米軍は撤退を始めた。

ISは壊滅状態にあるが平穏が訪れたわけではない。反ISで共闘していたシリアの国内対立、トルコとクルド人勢力の対立などが再び表面化し、混沌とした状態が続いている。

【仏教】苦を脱する修行を説く

仏教の創始者ゴータマ・シッダールタ（ブッダ）は、紀元前5世紀ごろインドで生まれた。29歳のときに出家し苦行を重ねるが悟りを開けず、瞑想を行うようになり35歳ごろにようやく悟りを開いたとされる。

ブッダの思想で重要な背景となっているのは、インド特有の「輪廻（りんね）」の思想である。すべての生き物は死んだ後、別の生き物に生まれ変わり、それをいつまでも繰り返す。前世でどう生きたかに応じて次の生の善しあしが決まるというもので、そこから逃れることはできない。

これに対しブッダが説いたのは、欲望を捨て去り、悟りを開けば、輪廻の束縛から解き放たれ「解脱」でき、そうすれば心が迷うことなく安らぎの境地に至れるというもので、多くの人に広がった。

ブッダの教えと悟り

ブッダの教えとは、この世のすべてのことは苦しみである（一切皆苦）とまず受け止め、そのうえで苦とは何か、その原因は何かを探ることが、苦を乗り越えることにつながる、というものだ。

ブッダが挙げた苦とは「四苦八苦」。「生・老・病・死」の4つに、愛別離苦、怨憎会苦、求不得苦、五陰盛苦を加えた8つだ。

これらの苦を生み出している原因は、諸行無常（あらゆるものは変化してやむことがない）、諸法無我（永遠・不変な本性である我がない）といったこの世の本質である。これらをすべて正しく理解し、悟りを開けば絶対的な心の静けさを得る「涅槃寂静」に至ることができる。

ブッダの教えと悟り

教え

三法印

諸行《しょぎょう》無常《むじょう》　この世の中のあらゆるものは、変化してやむことがない

諸法《しょほう》無《む》我《が》　あらゆる事物には、永遠・不変な本性である我がない

涅槃《ねはん》寂静《じゃくじょう》　悟りを開けば絶対的な心の静けさを得る

さらにもう1つ加わり四法印

一切皆苦《いっさいかいく》　この世のすべてのことは苦しみである

悟り

基本的な4つの苦（四苦）

生	老	病	死
生きる苦しみ	老いる苦しみ	病気の苦しみ	死ぬ苦しみ

さらに4つの苦しみ（八苦）

愛別離苦《あいべつりく》　別離の苦しみ

怨憎会苦《おんぞうえく》　人を憎んでしまう苦しみ

求不得苦《ぐふとくく》　求めることが得られぬ苦しみ

五陰盛苦《ごおんじょうく》　肉体と精神が思うようにならぬ苦しみ

大乗仏教と上座仏教

ブッダの死から100～200年後の紀元前3世紀ごろ、弟子たちは長老を中心とする戒律に厳格な上座部と、現実に即した解釈をする大衆部に分裂した（根本（こんぽん）分裂）。さらにそれぞれで論争が起き、いくつもの分派が生じた（枝末（しまつ）分裂）。そして紀元前1世紀ごろ、大衆部（だいしゅぶ）を源流とし（異説あり）、信仰の実践を重視する大乗仏教が起きた。

大乗とは大きな乗り物を指し、「大衆であってもブッダとその教えに対する信仰心があれば救済される」との意味が込められている。大乗仏教の人々は、上座仏教（上座部仏教）を一部の宗教エリートしか救わない宗教だと蔑視し、小乗仏教と呼んだ。ただ、小乗の言葉には差別的な意味があるため現在は使われていない。

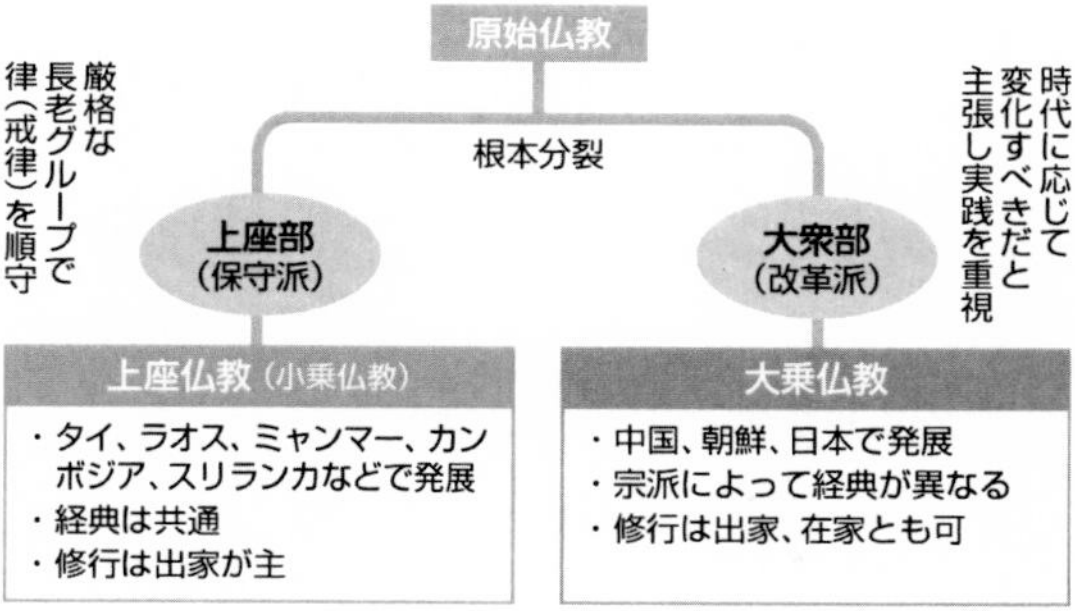
原始仏教
根本分裂
厳格な長老グループで律（戒律）を順守
時代に応じて変化すべきだと主張し実践を重視
上座部（保守派）
大衆部（改革派）
上座仏教（小乗仏教）
・タイ、ラオス、ミャンマー、カンボジア、スリランカなどで発展
・経典は共通
・修行は出家が主
大乗仏教
・中国、朝鮮、日本で発展
・宗派によって経典が異なる
・修行は出家、在家とも可

仏教の伝播

　上座仏教と大乗仏教は別々のルートをたどり、広くアジアに伝播した。上座仏教はインドから南へ向かいスリランカに定着した。その後、海洋交易を通じてミャンマー、ラオス、カンボジア、タイなど主に東南アジアへ広がった（南伝）。

　一方、大乗仏教は東西交易が盛んなシルクロード伝いに北へ広がり（北伝）、中国・敦煌（とんこう）では多くの石窟寺院が造られた。中国の中心部に伝わったのは遅くとも1世紀ごろ。チベット周辺や韓国にも広がり、日本へは6世紀に伝わった。

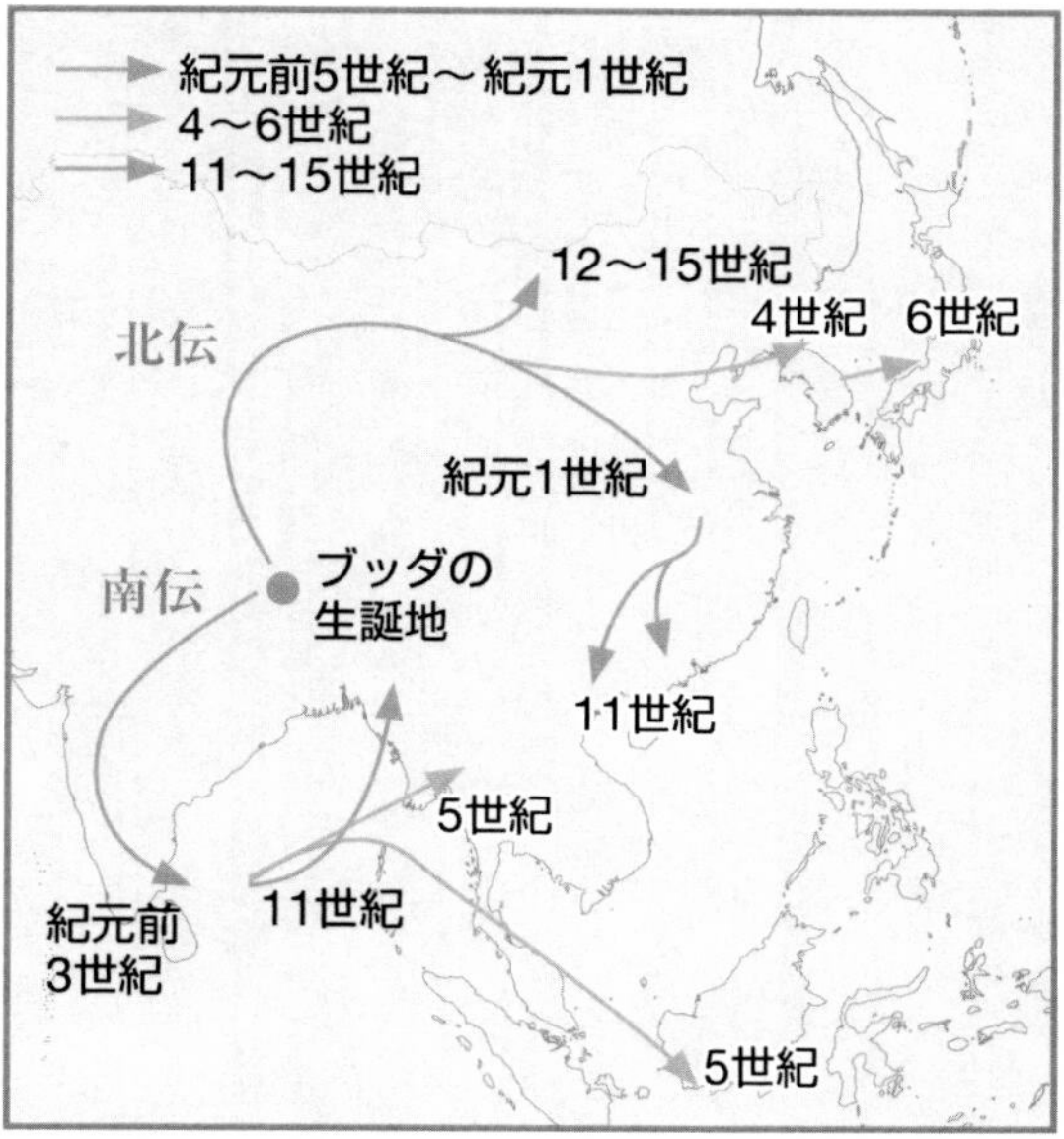
紀元前5世紀～紀元1世紀
4～6世紀
11～15世紀
12～15世紀
4世紀
6世紀
北伝
紀元1世紀
南伝
ブッダの
生誕地
11世紀
5世紀
11世紀
紀元前
3世紀
5世紀

日本の主な仏教13派

日本に仏教が伝わったのは538年とされる。伝来後しばらくは朝廷内の権力争いと絡んで崇仏派と排仏派に分かれたが、やがて国教的な地位を得た。

奈良時代に寺院が次々と造られ、興隆期を迎えた。平安時代になると中国で学んだ最澄と空海が帰国。おのおの天台宗と真言宗を開き、貴族中心に信仰を集めた。

鎌倉時代には法然の浄土宗、親鸞の浄土真宗、日蓮の日蓮宗など日本人による独自の仏教が開かれ、武士や庶民にまで普及した。明治初年、政府が有力13派を公認。これが今も主な宗派となっている。

日本の主な仏教13派

系列	宗派	開祖
奈良仏教系	法相宗	道昭（飛鳥〜奈良時代）
	律宗	鑑真（奈良時代）
	華厳宗	審祥（奈良時代）
密教系	真言宗	空海（奈良〜平安時代）
密教&法華系	天台宗	最澄（奈良〜平安時代）
法華系	日蓮宗	日蓮（鎌倉時代）
浄土系	浄土宗	法然（平安末期〜鎌倉時代）
	浄土真宗	親鸞（鎌倉時代）
	融通念仏宗	良忍（平安時代）
	時宗	一遍（鎌倉時代）
禅系	臨済宗	栄西（鎌倉時代）
	曹洞宗	道元（鎌倉時代）
	黄檗宗	隠元（江戸時代）

現代の仏教団体

仏教団体として日本で最も信者が多いのは浄土真宗本願寺派（西本願寺）の790万人。この数字は文化庁が公表する『宗教年鑑』（平成30年版）によるもの。自主申告のため実数は不明だ。日本には8533万人の仏教徒と8616万人の神道信者がいるとされ、キリスト教系なども含めた2017年末の信者数合計は1・8億人（同年末の日本の人口は1・2億人）に上る。

2位の真宗大谷派（東本願寺）は16年に算出方法を変更し、前年の約2・5倍となり、以後信者数2位となっている。創価学会は宗教年鑑に信者数の記載がないため、次表では同会HP上の世帯数を載せた。

現代の仏教団体

宗教団体名	信者数(万人)	系列/本山
浄土真宗本願寺派	790	浄土真宗/本願寺(西本願寺)
真宗大谷派	778	浄土真宗/東本願寺
浄土宗	602	浄土宗/知恩院
高野山真言宗	383	真言宗/高野山金剛峯寺
日蓮宗	356	日蓮宗/身延山久遠寺
曹洞宗	346	曹洞宗/永平寺、總持寺
立正佼成会	260	※
天台宗	153	天台宗/比叡山延暦寺
真言宗豊山派	142	真言宗/長谷寺
霊友会	123	※
創価学会	827万世帯	※

(注)信者数は団体の申告による2017年末の数値(高野山真言宗は16年末)。※は日蓮系ながら日蓮宗とは別団体で、明治時代以降の「新宗教」
(出所)文化庁編『宗教年鑑』(平成30年版)、創価学会は信者数未掲載のため同会HPから

新疆ウイグル、イスラエルとパレスチナ、ミャンマー少数民族…

宗教と紛争との深い関係

人々に心の平穏と救いを与える宗教だが、歴史を振り返れば、宗教それ自体が紛争のもとになってきた。現代においても宗教の違いが、深刻な民族対立や国家対立を生んでいる。主な宗教紛争を探る。

宗教をめぐる紛争地図

北アイルランド紛争
イスラエルとパレスチナ問題
イスラム教の
スンニ派と
シーア派との対立
新疆ウイグル自治区
ナイジェリアの宗教対立
南北スーダン問題
チベット問題
カシミールでの印パ中対立
ミャンマー少数民族問題
フィリピン・ミンダナオ紛争

【新疆ウイグル自治区】100万人を収容か前代未聞の大弾圧

中国北西部に位置する新疆ウイグル自治区の人口は約2500万人だが、その6割程度がウイグル人、カザフ人などの少数民族だ。現在、中国当局がテロ対策を名目に少数民族を大量に強制収容していることが国際問題になっている。その多くがイスラム教徒とみられ、米国のペンス副大統領は「ウイグル人をはじめ、100万人以上のムスリムが投獄され、洗脳されている」と批判している。

米ニューヨーク・タイムズは2019年11月16日、400ページもの中国当局の内部文書を入手したと報じた。習近平国家主席が自ら「容赦ない取り締まり」を指示したとの衝撃的な内容も含まれている。

同年7月には西側の22カ国が、中国のウイグル人弾圧を非難する書簡を国連人権理事会に提出した。これに対して中国を擁護する37カ国が、「新疆ではこの3年間、テロが起きていない」などと反論する書簡を発表した。その中にはサウジアラビアやアラブ首長国連邦などイスラム教国も含まれる。イスラム過激派の脅威ゆえとみることも、中国の影響力の大きさゆえとみることも可能な複雑な構図だ。

【ミャンマー少数民族】「自国民ではない」と迫害されるロヒンギャ

ミャンマーが、長らく続いた軍政から徐々に民主化へ動き出したのは2011年。政権を奪取した民主化運動家のアウンサンスーチー氏が国家顧問として国家再建を進めているが、少数民族のイスラム教徒であるロヒンギャの人権状況が悪化している。

ミャンマーは仏教徒が国民の約9割を占めるが、残りの1割はキリスト教徒やイスラム教徒。少数民族は仏教以外の宗教であることが多く、民族問題と宗教問題が複雑に絡み合う。

西部のラカイン州などに居住するロヒンギャに対して、ミャンマー国軍が暴力や略奪行為をするケースが頻発。ロヒンギャは隣国バングラデシュからの不法滞在者だというのがミャンマー国軍の主張だ。圧迫を受けたロヒンギャが、バングラデシュに難民として流出する事態も起きている。ミャンマー国民の多くは、「ロヒンギャは歴史的にミャンマー人ではない」との考えを持っているとされ、国民融和は容易ではない。

【フィリピン ミンダナオ】長年の闘争で疲弊・ISの浸透が脅威

フィリピンではカトリック教徒が多数派だが、南部ミンダナオ地域にはイスラム教徒が多い。分離独立を求め、モロ民族解放戦線（MNLF）や、そこから分かれたモロ・イスラム解放戦線（MILF）による武装闘争が長年続いてきた。日本も関与した和平プロセスの結果、2022年までに自治政府を設立することになっている。

現在、フィリピンで大きな問題になっているのは、IS（イスラム国）に忠誠を誓う武装集団によるテロだ。そのうちの1つであるマウテ・グループは2017年5月にミンダナオのマラウィ市を占拠。同年10月まで続いた当局との市街戦では市民を含め1000人以上が死亡した。今もミンダナオには戒厳令が敷かれている。

18年には、ISがフィリピンを「東アジア州」に位置づけたとされる。ISの浸透を防ぐためには、累計12万人が犠牲になったとされる武装闘争で荒廃したミンダナオの経済を再建することが喫緊の課題だ。

【インド　カシミール】印パの根深い対立・インド国内でテロ

インド政府は2019年10月31日、北部のジャム・カシミール州の自治権を廃止し直轄領にした。過去70年にわたり自治権が認められてきたが、今後は中央政府が実質的に統治する。インドは国民の約8割がヒンドゥー教徒だが、同州は国内で唯一イスラム教徒が多い。モディ首相が率いる与党のインド人民党はヒンドゥー至上主義を掲げており、イスラム教徒への圧力が今後強まるとの懸念の声が上がる。

カシミール地方をめぐっては、インドとパキスタン、それに中国が領有権を主張し、それぞれ実効支配している。州都スリナガルなどの中心地域はインドが支配する。インドとパキスタンはこれまで3度の戦争や武力衝突を繰り返してきた。ヒンドゥー教徒の多いインドと、イスラム教が国教であるパキスタンとの長年の宗教対立が理由だ。パキスタンの支援を受けたとみられる勢力が武装闘争を続けており、2001年にインド国会議事堂への襲撃事件、08年にはムンバイ（ボンベイ）の高級ホテルへの襲撃事件で多数の死傷者が出た。

【イスラエルとパレスチナ】軍事衝突を繰り返すパレスチナ紛争

イスラエルとパレスチナの対立は宗教・民族・領土紛争の代表例だ。4度の戦争を経て、何度か和平合意がなされたにもかかわらず、現在も根深い対立が続いている。パレスチナでは、イスラム組織ハマスが実効支配するガザ地区からロケット砲などの武器でイスラエル側をしばしば攻撃、イスラエルがこれに報復するといった軍事衝突がやまない。「ハマス壊滅」を掲げるイスラエルだが、それには同地区への大規模な軍事侵攻が必要で、作戦が行われた場合には市民にも多大な犠牲が生じる。一方でハマスも、断続的には攻撃できるが、現状を根本から変える軍事・政治力を持っていない。

イスラエル側に深くコミットしている米国のトランプ大統領は、「世紀のディール」

と自ら呼ぶ和平案をイスラエルとパレスチナに提案する準備を進めている。ガザ地区やヨルダン川西岸、周辺諸国を対象とした500億ドル（約5・5兆円）超の経済開発案も発表したが、パレスチナが拒否しており、暗礁に乗り上げたままだ。

【週刊東洋経済】

本書は、東洋経済新報社『週刊東洋経済』2019年12月7日号より抜粋、加筆修正のうえ制作しています。この記事が完全収録された底本をはじめ、雑誌バックナンバーは小社ホームページからもお求めいただけます。

小社では、『週刊東洋経済eビジネス新書』シリーズをはじめ、このほかにも多数の電子書籍ラインナップをそろえております。ぜひストアにて「東洋経済」で検索してみてください。

『週刊東洋経済eビジネス新書』シリーズ

No.308　AI時代に食える仕事・食えない仕事

No.309　先端医療ベンチャー

No.310　最強私学　早稲田 vs. 慶応

No.311　脱炭素経営

No.312　5G革命

No.327　中国　危うい超大国
No.328　子どもの命を守る
No.329　読解力を鍛える
No.330　決算書&ファイナンス入門
No.331　介護大全
No.332　ビジネスに効く健康法
No.333　新幹線　vs.　エアライン
No.334　日本史における天皇
No.335　EC覇権バトル
No.336　検証！　NHKの正体
No.337　強い理系大学

週刊東洋経済eビジネス新書　No.338
世界史&宗教のツボ

【本誌（底本）】
編集局　長谷川　隆、福田恵介、西村豪太、福田　淳
デザイン　杉山未記
進行管理　宮澤由美
発行日　2019年12月7日

【電子版】
編集制作　塚田由紀夫、長谷川　隆
デザイン　市川和代
制作協力　丸井工文社
発行日　2020年7月20日　Ver.1

発行所　〒103-8345
東京都中央区日本橋本石町1-2-1
東洋経済新報社
電話　東洋経済コールセンター
03（6386）1040
https://toyokeizai.net/
発行人　駒橋憲一

電子書籍化に際しては、仕様上の都合などにより適宜編集を加えています。登場人物に関する情報、価格、為替レートなどは、特に記載のない限り底本編集当時のものです。一部の漢字を簡易慣用字体やかなで表記している場合があります。本書は縦書きでレイアウトしています。ご覧になる機種により表示に差が生じることがあります。

※本刊行物は、電子書籍版に基づいてプリントオンデマンド版として作成されたものです。